Introducción a la vida y teología de Martín Lutero

Introducción a la vida y teología de Martín Lutero

Alberto L. García
Rubén D. Domínguez

ABINGDON PRESS / Nashville

INTRODUCCIÓN A LA VIDA Y TEOLOGÍA DE MARTÍN LUTERO

Derechos reservados © 2008 por Abingdon Press

Todos los derechos reservados.
Se prohíbe la reproducción de cualquier parte de este libro, sea de manera electrónica, mecánica, fotostática, por grabación o en sistema para el almacenaje y recuperación de información. Solamente se permitirá de acuerdo a las especificaciones de la ley de derechos de autor de 1976 o con permiso escrito del publicador. Solicitudes de permisos se deben pedir por escrito a Abingdon Press, 201 Eighth Avenue South, Nashville, TN 37203.

Este libro fue impreso en papel sin ácido.

A menos que se indique de otra manera, los textos bíblicos en este libro son tomados de la Santa Biblia, Edición de Estudio: Versión Reina-Valera 1995, Edición de Estudio, derechos reservados de autor © 1995 Sociedades Bíblicas Unidas. Usados con permiso. Todos los derechos reservados.

ISBN-13: 978-0-687-74091-8

Lutero y su familia
En el cuadro vemos a Lutero, su esposa Caterina,
y dos de sus seis hijos.
Ilustración por Eric Zimmerman

Dedicatoria

*Este libro es dedicado al
Dr. Justo L. González,
decano de nuestra teología
evangélica hispana en los Estados Unidos,
historiador ilustre,
y hermano en el camino de Cristo Jesús.*

Contenido

Prólogo 11

Introducción 15

Parte I: Trasfondo histórico e intelectual de la obra de Martin Lutero

1. Lutero en el contexto de su mundo 27
2. Influencias en el pensamiento de Lutero 35
3. Lutero un ser humano de carne y hueso 49

Parte II: La obra reformadora de Martín Lutero

4. Los años formativos de Lutero 61
5. La influencia de Lutero en la Universidad de Wittenberg .. 71
6. La controversia arrecia 83
7. El debate de Leipzig 93
8. Lutero emprende con afán la reforma de la iglesia 103
9. La bula de excomunión y la dieta de Worms 113
10. El exilio en Wartburgo 125
11. Las controversias internas y externas 135
12. Acuerdos y desacuerdos sobre los sacramentos 149
13. Lutero en su madurez y batallas finales 159

Parte III: La teología de Martín Lutero en el contexto del siglo XXI

14. La teología de la cruz como método teológico 173
15. La importancia de Lutero para hoy 189

Cronología de la vida de Martín Lutero 195

Prólogo

Es con un gusto indiscutible que escribo el prólogo a este libro, producto de la labor en conjunto de mis colegas Alberto L. García y Rubén D. Domínguez. Me alegra la iniciativa tan importante de estos amigos en proveer un texto para presentar de forma clara, informada, y convincente la contribución de Lutero para la historia del pensamiento humano, y especialmente para quienes hemos estado esperando una obra que tome en consideración la pertinencia de este líder de la Reforma Protestante del siglo dieciséis para una audiencia de legado tanto hispano como latinoamericano en la diáspora de Norteamérica de hoy.

El valor importante de este trabajo se debe a un gran número de elementos que provee. Los autores son personas muy bien preparadas para esta empresa. Ambos son miembros y líderes en la Iglesia Luterana del Sínodo de Missouri que se han distinguido por largos años de servicio en el área de la educación teológica. El Rev. Dr. Alberto L. García fue condiscípulo mío en la Escuela Luterana de Teología en Chicago. Ambos fuimos dirigidos en nuestros estudios doctorales por el Dr. Carl E. Braaten, que aún hoy es una de las figuras más distinguidas en el pensamiento luterano confesional en los Estados Unidos de América. El Rev. Rubén D. Domínguez es actualmente estudiante en el programa doctoral de la Escuela Luterana de Teología en el área de Historia de la Iglesia, bajo la dirección académica del Dr. Kurt Hendel, otra de las figuras importantes del pensamiento de Lutero en nuestros días, además de distinguirse en el campo de la historia de la Iglesia con especialidad en la época de la Reforma Protestante del siglo dieciséis.

Ambos colegas son también personas con trasfondo latinoamericano (Cuba y México respectivamente) que en el presente se encuentran residiendo en la diáspora de los Estados Unidos de América, y colaborando con líderes religiosos latinos y latinas en el desarrollo de la perspectiva teológica latina en Norteamérica.

El libro está escrito para una audiencia amplia, pues los autores se afanan en proveer en un lenguaje sencillo tanto el contexto histórico como los temas más sobresalientes del pensamiento de Lutero. Su estilo es muy pedagógico. Señalan acontecimientos históricos sobresalientes que le dan sentido y significado a las contribuciones teológicas de este líder de la Reforma Protestante del siglo dieciséis de forma breve, amena y persuasiva. Lo hacen en quince capítulos divididos en tres secciones.

Uno de los grandes valores de la obra es el uso analítico de una bibliografía amplia, ecuménica, y sustancial sobre Lutero y sus contribuciones teológicas, y que incluye particularmente obras recientes escritas en varios idiomas. En la obra, los autores no solo apuntan a la importancia de estos textos, sino que entran en conversación crítica con la variedad de autores y autoras citados para encontrar su pertinencia en un diálogo constructivo que logra enriquecer los estudios en esta área de investigación.

Otro valor significativo del texto es el de continuar abriendo el camino hacia una interpretación del significado de las contribuciones de Lutero que tome en cuenta los intereses y preocupaciones del pueblo de origen hispano y latinoamericano. Para lograr este fin, en la introducción de su estudio los autores proveen no solo una importante bibliografía de las obras de Lutero y sus intérpretes más prominentes, sino también de las obras en español que han trabajado el tema desde los años sesenta hasta el 2005. También, en su estudio de las contribuciones teológicas de Lutero, se esmeran por presentar su pertinencia para asuntos importantes de la experiencia del pueblo latino en diálogo con autores latinoamericanos como Gustavo Gutiérrez, Leonardo Boff, Walter Altmann, y Vitor Westhelle. Es particularmente valiosa para nuestros días la reflexión de estos autores sobre la pertinencia y los límites del pensamiento de Lutero para abordar temas como el de la marginalización social del ser humano por causa de género, clase, raza, y cultura, y el diálogo interreligioso. Considero también muy importantes los argumentos presentados por estos autores sobre el significado para Lutero del testimonio de la virgen María, y las diferentes dimensiones (contracultural, encarnación radical, soteriológica, y escatológica) de su entendimiento del significado de la cruz como hermenéutica teológica para responder al desafío de la necesidad de una reforma a la legislación sobre inmigración en Norteamérica.

Como toda obra humana, este libro provoca en quien lo lea un gran número de preguntas y estimula el interés por la investigación de Lutero respecto a estos y otros asuntos. Me imagino que los autores ya estarán pensando en la posibilidad de continuar su investigación en un diálogo más cercano con la perspectiva de colegas latinos y latinas provenientes de perspectiva teológicas católicas romanas y pentecostales. También doy por sentado que en el futuro mis compañeros de tarea harán mayor referencia en sus estudios sobre este tema a la contribución de teólogas de la estatura de Cynthia Moe-Lobeda, Mary M. Solberg, Delores Williams, Marit Trelstad, Elsa Tamez y Alicia Vargas. Por lo pronto es importante reconocer y enfatizar la contribución importante de esta obra y estimular a estos autores a continuar la importante tarea que han comenzado con este libro.

José D. Rodríguez

Augustana Heritage Chair of Global
Mission and World Christianity
Profesor de Teología Sistemática
Escuela Luterana de Teología en Chicago
Septiembre, 2007

Introducción

Escribir una introducción al pensamiento de Martín Lutero no es tarea fácil. Requiere humildad, paciencia y hasta algo de locura. No cabe duda que Lutero es la figura central de la Reforma y un hombre brillante de formidable fe. Ricardo García-Villoslada, en su destacada obra *Martín Lutero* lo bautiza con el título de "el Reformador". De él parte el comienzo de este movimiento religioso del siglo XVI, conocido como la Reforma, que impactó no solamente la iglesia occidental sino a la vez la historia secular de toda Europa[1]. Por todo ello él fue y continúa siendo una figura controversial llena de contradicciones. Como una persona de carne y hueso era algo impulsivo. Hizo comentarios bruscos en contra de los campesinos y de los judíos. Esto lo consideraremos más adelante en este libro. Tales comentarios, no obstante, pueden ocultarle su fe y amor bajo el evangelio a nuestra época posmoderna.

Es cierto que en sus escritos Lutero usó muchas veces un idioma vulgar contra sus opositores. Aunque también es cierto que sus opositores no fueron tan gentiles con él en sus controversias. Lutero empleó especialmente su discurso grotesco contra los papas y el diablo. Hay que notar, no obstante, que usó también el mismo lenguaje contra sí mismo. En su *"Prefacio a la edición de Wittenberg de sus escritos en alemán"* (1539) nos aconseja esto sobre sus propios escritos: "No deje de ninguna manera que sean un obstáculo en estudiar las mismas Escrituras. Úsenlos como uso los 'excretos y decretos' del Papa y los sofistas"[2]. Así escribe el Reformador de Wittenberg para destacar lo más importante y esencial para todos los seres humanos. Lo esencial es el mensaje de Buenas Nuevas, el evangelio, donde encontramos el amor incondicional de Dios en

Cristo Jesús hacia todo el mundo. Como Lutero ve las cosas, todo lo otro es idolatría y basura. Para entender la pasión reformadora de Lutero, lo principal es ir a la fuente del Espíritu Santo. Para Lutero esa fuente era y es las Sagradas Escrituras. Su meta fue demostrar en ellas a Cristo Jesús, "en la cuna y la cruz"[3]. Lo fundamental era demostrar la claridad y bendición del evangelio en la Biblia. Y hacia esta meta produjo una traducción erudita de la Biblia al alemán. Hasta hoy sigue siendo un verdadero ejemplo de cómo comunicar al pueblo de Dios las maravillas de Dios en un idioma claro y sencillo. Con esta pasión varios evangélicos españoles fueron bendecidos. De esta pasión nace el espíritu reformador de la divulgación de la Palabra de Dios entre todos pueblos y naciones[4].

Un estudio sobre la teología y pensamiento de Lutero puede llegara ser algo alarmante. Lewis W. Spitz, reconocido historiador de la Reforma, nos ofrece una anécdota de lo que la obra de Lutero significa. Nos cuenta como en el día del fallecimiento de Lutero mientras su mano izquierda se paralizaba, continuaba escribiendo con la mano derecha. La obra teológica de Lutero como reformador, pastor, y doctor de la iglesia es monumental.

Pudiéramos dividir su producción literaria en dos periodos. El primero es el ciclo de su juventud (1516-1530) durante el cual Lutero produjo dos tercios de sus primeras ediciones de escritos, y casi tres cuartos de todas sus obras publicadas. Durante su madurez y vejez (1531-1546) produce el otro tercio de sus obras impresas[5]. Se pudiera ofrecer varias razones por las que Lutero escribe menos en su madurez. Primero, ya se encuentra muy ocupado como reformador y padre de familia, y su salud se deteriora. Pero es aquí en su enfermedad que se ve su espíritu indomable. En 1531, por ejemplo, se encuentra bien enfermo durante seis meses. Así y todo llegó a producir 180 sermones, por lo menos 100 cartas, 15 tratados, dictó un curso sobre Gálatas y trabajó en su traducción del Antiguo Testamento al alemán[6].

Introducción

Gráfica 1. Estadísticas de sus publicaciones por fecha

Fecha	Primeras ediciones	Número de ediciones	Fecha	Primeras ediciones	Número de ediciones
1516	1	1	1531	17	94
1517	3	6	1532	12	46
1518	17	87	1533	16	59
1519	25	170	1534	10	35
1520	27	275	1535	19	68
1521	26	174	1536	10	40
1522	45	248	1537	16	47
1523	55	390	1538	18	62
1524	34	232	1539	12	56
1525	32	237	1540	5	26
1526	26	141	1541	7	34
1527	16	110	1542	9	49
1528	15	64	1543	11	58
1529	12	76	1544	7	38
1530	26	138	1545	12	74
			1546	3	48[7]

Gracias a la imprenta inventada por Gutenberg, las obras de Lutero fueron fácilmente impresas en varios talleres en Alemania en primeras, segundas, terceras, y múltiples ediciones. Sus obras llegaron a ser muy populares y fueron diseminadas rápidamente por su tierra natal. Se sabe que varios editores se hicieron ricos publicando esas obras. Pero Lutero no era comerciante y veía sus escritos como algo al servicio de Dios y por lo tanto nunca sacó un centavo de ellos. Mientras trataba de mantener su familia a flote económicamente, otros se hacían ricos de lo que él producía. Aquí vemos la ironía del siervo de Dios.

Es útil entender las obras de Lutero bajo el concepto de vocación cristiana. Este es un concepto clave que Lutero y Juan Calvino elevaron como trascendental en la vida del cristiano. Lutero consideraba que la vida de cada cristiano se actualiza al nivel de varias estaciones o vocaciones cristianas. El ser humano sirve en el nombre de Dios a todos los seres humanos bajo varias estaciones u oficios en los que ejerce su vocación[8]. En ese sentido vemos a Lutero como pastor, confesor, doctor, ciudadano, padre de familia, amigo y colega. Y bajo estas dimensiones múltiples de su vocación cristiana produjo innumerables tratados, sermones, exposiciones de la Biblia, lecciones en la universidad, cartas, prefacios, disputas, y comentarios.

Hoy encontramos estas obras en varias ediciones internacionales. Queremos ofrecer aquí un breve resumen de dónde se encuentran sus obras originales en alemán, castellano e inglés.

La edición de Weimar (Weimar Ausgabe o WA) es la edición definitiva de sus escritos originales. Esta obra se inició en el tercer centenario del natalicio de Lutero. Desde entonces ha sido editada por un equipo de eruditos en relevo. Contiene revisiones constantes, notas críticas, e introducciones. La Weimar Augsgabe esta dividida en:

1. *Luthers Werke*, 58 tomos (1883-): sus obras como reformador, sus comentarios y lecciones sobre la Biblia, entre tantos de sus escritos.

2. *Briefwechse*, 14 tomos (1930-1970): Estas son sus cartas como reformador, padre y colega.

3. *Tischreden*, 6 tomos (1912-1921): sus charlas de sobremesa con sus amigos, alumnos y familia. En ellas Lutero se expresa de una manera más relajada y en familia.

4. *Deutsche Bibel*, 12 tomos (1906-1961): traducción de la Biblia al alemán

Otra edición importante es la publicada en inglés por Concordia Publishing House, San Luís, Missouri y Fortress Press, Filadelfia, Pensilvana. Es conocida como *Luther's Works*, (LW), 55 tomos, 1957-1968. Los tomos están divididos así:

1. Comentarios bíblicos, tomos 1-30

2. Obra reformadora, tomos 31-34

Estos tomos contienen sus diputaciones, y tratados más significativos.

3. Palabra y sacramentos, tomos 35-37

4. La iglesia y ministerio, tomos 38-21

5 Escritos devocionales, tomos 42-43

6. El cristiano en la sociedad, tomos 45-47

7. Cartas, tomos 48-50

8. Sermones, 51-52

9. Liturgia e himnos, 53.

10. Charlas de sobremesa, 54

11. Apéndice, 55

En inglés existe también una serie más extensa de sermones en ocho tomos editadas por John Nicolás Lenker, *Sermons of Martin Luther* (Grand Rapids: Michigan, 1988), Segunda Edición. Otra de gran significado en inglés es la editada por Eugene F. Klug, en tres tomos bajo el título, *Sermons of Martin Luther: The House Postils* (Grand Rapids: Michigan, 1996). Estos son devocionales ofrecidos por Lutero en su hogar.

Entre las obras más significativas en español tenemos las *Obras de Martín Lutero*, en 10 tomos, producida en Argentina por las editoriales Paídos y Publicaciones El Escudo, tomos 1-5, 1967-76 y por las editoriales Ediciones Aurora y Publicaciones El Escudo, tomos 6-10, 1977-85. Estas traducciones vertidas al castellano se deben principalmente a Erich Sexauer, Carlos Witthaus y Manuel Vallejo Díaz. Los tomos en sí no contienen un orden como la WA y LW. Quisiéramos ofrecer aunque sea un resumen del contenido de estos 10 tomos.

1. Ofrece las disputaciones y tratados más significativos del joven Lutero. Entre ellos *Las Noventa y Cinco Tesis, Tesis de Heilderberg, La Cautividad Babilónica de la Iglesia* y otras.

2., Sus escritos sobre la sociedad, la sublevación campesina, comercio y usura y otros.

3. La familia y el estado matrimonial.

4. *De Servo Arbitrio* de 1525 (*La voluntad determinada*) es obra importantísima donde dialoga con Erasmo sobre la libertad cristiana.

5. *Catecismos menor y mayor, Artículos de Esmalcalda, Tratados sobre la santa cena y el santo bautismo*. Aquí podemos captar al Lutero "confesional".

6. *Comentarios exegéticos sobre los Salmos, el Magnificat* y otros escritos.

7. Tratados sobre las escuelas y sobre la asistencia comunitaria a los pobres.

8. *Comentario de Gálatas, de 1519*. Existe aquí una laguna, ya que Lutero publicó después varias versiones y su *Comentario de Gálatas*, de 1535 es el más significativo con relación a su exposición de la justificación por la fe.

9. Varios Sermones.

10. *Comentario de Romanos*, 1515-1516. Esta es una obra muy importante donde se encuentra el comienzo del desarrollo del pensamiento de Lutero sobre la justificación por la fe.

Mas recientemente la Editorial CLIE, de Terrasa, Barcelona, publicó la serie de diez volúmenes titulada *Comentarios de Martín Lutero* entre el 2000-2002. Estos fueron vertidos al castellano principalmente por Rosa Roger I. Moreno y revisados por Alfonso

Ropero, con la excepción de los volúmenes 1-2. Estos son los volúmenes de esta serie:

1. *Comentario sobre Romanos*, es una reimpresión del volumen 10 traducido por Erich Sexauer en la serie de *Obras de Martín Lutero*.

2. *Comentario sobre Gálatas*, es también una reimpresión del volumen 8 traducido por Erich Sexauer en la serie de *Obras de Martín Lutero*.

3. *Comentario sobre las cartas del Apóstol Pablo a Tito, Filemón*, dictado en 1527 y la Epístola a los Hebreos, dictado entre 1517-18.

4. *Comentario sobre Primera de Corintios*, Capítulo 7, escrito en 1523 como un obsequio para un amigo el día de su boda y Capítulo 15, publicado como una serie de sermones en 1534.

5. *Comentario sobre Primera de Timoteo*, dictado entre 1527-1528.

6. *Comentarios sobre Primera de Pedro*, dictado en 1522, *Segunda de Pedro y Judas* dictados en 1523 y *Primera de Juan*, dictado en 1527.

7. *Comentarios sobre el Sermón del Monte en Mateo*, publicado en 1538 y *el Magníficat en Lucas*, de 1521.

8. *Comentario sobre Juan*, Capítulos 1-4, presentado como una serie de sermones en 1537.

9. *Comentario sobre Juan*, Capítulos 6-8, presentado como una serie de sermones en 1538.

10. *Comentario sobre Juan*, Capítulos 14-16, presentado como una serie de sermones en 1537.

Existen otras colecciones publicadas en un solo volumen. Encontramos la edición preparada en España por Teófanes Egido, *Lutero, Obras* (Salamanca: Ediciones Sígueme, 1977). Existe una tercera edición publicada por Sígueme en el 2001. Esta edición en un solo tomo, traducido por el Profesor Egido, contiene *Las Noventa y cinco tesis, Disputación de Heilderberg, La libertad del cristiano, El Magníficat,* y otras secciones ya publicadas por Paidós y La Aurora. Lo que tiene de único este tomo es que contiene varias de las *Cartas y charlas de sobremesa.* Estas no aparecen en la versión de 10 tomos publicada en Argentina. Giacomo Cassese y Eliseo Pérez Alvarez son los editores de la obra *Lutero al habla* (Austin: AETH, 2005). Este volumen contiene *Las noventa y cinco tesis, Las indulgencias sobre la gracia, La disputación de Heildelberg, Disputación y defensa de Fray Martín Lutero contra las acusaciones del Doctor Juan Eck (1519), La disputación de Leipzig-Informe de Lutero a Jorge Spalatin, A la nobleza cristiana de la nación alemana acerca del mejoramiento del estado cristiano, La libertad cristiana, La cautividad babilónica de la iglesia, Lutero en la dieta de Worms,* y las *Buenas obras. La libertad determinada* (Saint Louis, Missouri: Concordia Publishing House, 2006) y *Sermones para Semana Santa* [1529] (Saint Louis, Missouri, 2006] son las dos contribuciones más recientes vertidas al español.

Una de las enormes dificultades en exponer el pensamiento de Lutero es que él no escribe bajo una lógica lineal. Escribe en diferentes momentos y circunstancias. Emplea un método dialéctico y a la vez lleno de paradojas. Un ejemplo de esto es que al referirse al Dios desconocido (*Deus absconditus*) Lutero emplea esta frase en dos diferentes dimensiones: Una en referencia al Dios inescrutable, que no se puede conocer. O pudiéramos decir a Dios en condición de su "obra extraña". En otros escritos se demuestra la dimensión del *Deus absconditus* bajo su revelación en el sufrimiento de la cruz o lo que Lutero le llama su "obra propia". Lo mismo sucede cuando Lutero se refiere a la obra del diablo como la aflicción del cristiano, llamada *Anfechtung* o *tentatio*. Pero usa también el concepto de aflicción para referirse al caminar con Jesús en el discipulado de la cruz contra el pecado y el mal. También lo que entiende Lutero por "libertad" es frecuentemente malentendido. Erasmo lo califica de maniqueísta. Para Lutero en su lectura de Romanos no hay libertad para llegar a una relación completa y perfecta con Dios. Pero Lutero sí apoya una libertad civil, y a la vez una inmensa libertad cristiana donde bajo la vocación cristiana el ser humano coopera y vive su ética en beneficio de toda la humanidad. Por esto se requiere mucha paciencia y humildad para entender el pensamiento y la teología de Martín Lutero. La dialéctica y la paradoja son esenciales en el arte de la teología. Esto es central en su teología de la cruz.

Introducción

Dividimos entonces esta obra en tres partes. En la primera parte Alberto García ofrece estudios sobre el contexto histórico, intelectual y personal de Lutero. En la segunda parte, Rubén Domínguez y Alberto García trazan la obra de Lutero como reformador y confesor de la fe. La tercera parte es un estudio constructivo por Alberto Garcia sobre la metodología teológica de Martín Lutero y una reflexión breve sobre cómo su teología puede ser aplicada a la obra pastoral de la iglesia de hoy, particularmente a la realidad hispana y latinoamericana. Con esa meta lo que sigue ha sido hecho con mucho amor en el nombre de Cristo Jesús. Queremos también aquí darles gracias a la Sociedad Misionera Nacional Luterana Hispana y a la Junta de Misiones de la Iglesia Luterana Sínodo de Missouri por su apoyo financiero para lograr esta obra. Nuestras gracias son dadas a Eric Zimmerman, estudiante de artes graficas en Concordia University Wisconsin, quien diseñó la ilustración de Lutero y su familia que aparece al principio de este libro. También mil gracias son dadas a Justo L. González por revisar el manuscrito y a Phillip García por corregir el formato del manuscrito para publicación.

Alberto L. García
Profesor, Facultad de Teología
Universidad Concordia Wisconsin
Mequon, Wisconsin

Rubén Domínguez
Profesor Asistente
Seminario de Concordia
Saint Louis, Missouri

---

[1] Ricardo García-Villoslada, *Martín Lutero. Tomo 1: El fraile hambriento de Dios* (Madrid: Biblioteca de Autores Cristianos, 1973), 15. García-Villoslada escribe que la figura de Lutero "campea" entre tantas personas distinguidas nacidas en Alemania. Lo afirma, a pesar de ser un historiador español católico como "el genio alemán hecho carne". No creo que a Lutero le hubiera agradado ese título.
[2] Martín Lutero, "El Estudio de la Teología", Traducido por Alberto L. García, *Destellos Teológicos* (Marzo, 1982): 7.
[3] Martin Luther, LW, 37, 62.
[4] Por ejemplo Francisco Enzinas, estudió en Wittenberg y aprendió a traducir la Biblia allí. De esos estudios y de la pasión adquirida publicó una de las primeras traducciones del Nuevo Testamento al castellano para proclamar el evangelio en España.
[5] Mark U. Edwards, *Luther's Last Battles: Politics and Polemics, 1531-46* (Ithaca: and London: Cornell University Press, 1983), 6-19. Edwards analiza detalladamente con graficas y estadísticas la obra literaria de Lutero.
[6] Edwards, 10.
[7] Edwards, 11
[8] Gustaf Wingren, *Luther on Vocation*, trad. al inglés por Carl C. Rasmussen (Philadelphia: Muhlenberg Press, 1957), 1-13; 85-88; 120-25.

Parte I

Trasfondo histórico e intelectual de la obra de Martín Lutero

1
Lutero en el contexto de su mundo

Frecuentemente se interpreta a quienes han hecho impacto en la historia como héroes y madrinas en un cuento de hadas o como ogros. Otras veces se les lee fuera de su contexto y de su mundo, y se usan como trampolín para agendas personales. Lutero no es diferente. Se le ha elogiado como héroe de la libertad humana o degradado por su influencia opresora contra los judíos y los pobres. Se le ha tomado como defensor de los valores bíblicos o como primera chispa en la tendencia de interpretar la realidad humana desde una perspectiva realista y secular. No nos olvidemos que los genios alemanes de Nietzche y Marx nacieron en la cuna del luteranismo[1]. Pero todo ser humano debe leerse dentro del contexto de su mundo y sus tiempos para comenzar a entenderlo. Por eso es imprescindible señalar ciertos datos sobre los tiempos en que Lutero vivió.

Lutero nació el 10 de noviembre de 1483. Era una época cuando la autoridad unilateral de la iglesia comenzaba a ponerse en duda; y cuando algunos fieles como Copérnico y Galileo contradecían la autoridad teológica de la iglesia al afirmar que el sol y los planetas giraban alrededor de la tierra. Aunque el mismo Lutero se reía de las teorías de Copérnico, sí usó también la razón como uno de sus aliados para cuestionar la autoridad de la iglesia[2]. Debemos aquí recordar la respuesta que Lutero les ofreció a sus acusadores en la dieta de Worms: "A menos que me convenza con las Escrituras y verdadera razón.... No puedo retractarme y no me retractaré de nada." Lutero veía en el uso correcto de la razón un verdadero servicio a Dios y a las Sagradas Escrituras[3].

Cuando Lutero tenía diez años, Cristóbal Colón y toda Europa se percataron que ellos no eran los únicos pueblos o tierras que habitaban en el mundo. Esta nueva realidad proveyó un ímpetu para considerar nuevas posibilidades y aventuras. El mundo abarcaba mucho más que la realidad del antiguo mundo europeo, aunque los europeos mismos se consideraban los supremos dueños de esas nuevas tierras y posibilidades. Así y todo, en la cuna europea había desde entonces una apertura a nuevas posibilidades y un nuevo modo de pensar que añoraba mucho más que lo dictado por el clero y sus tradiciones. De aquí parte el florecer del Renacimiento.

Lutero nació durante el Renacimiento. El Renacimiento fue su aliado a la vez que su enemigo. El estudiar la cultura griega y sus valores llevó la iglesia a valorar los estudios de la literatura antigua y reconsiderar las fuentes bíblicas. Pero también la valoración de la estética del Renacimiento llevó la iglesia a grandes excesos. El Renacimiento fue aclamado principalmente en las cortes reales. La sangre azul surgió como patrón de la cultura clásica griega y romana. Los papas y sus obispos llegaron a ser imitadores de los monarcas. Los príncipes de la iglesia se obsesionaron por la arquitectura ostentosa de sus nuevos templos. Se daban mayormente a las pompas y ceremonias más ostentosas. Cayeron así cautivos de un estilo de vida más alla que su economía les permitía. Consecuentemente se encontraban hambrientos y muy necesitados del dinero y de los tesoros que les permitían vivir esa vida exagerada. Para eso necesitaban que sus feligreses contribuyeran en gran manera a sus excesos[4].

El Papa León X, quién reinaba al comienzo de la Reforma alemana (1513-21), también fue un amante del arte renacentista. En este sentido, tuvo un intenso deseo de dejar su huella en la iglesia. Para ello se propuso terminar de construir la Basílica de San Pedro en Roma. Con el fin de sostener los altos costos que demandaba la administración de la Iglesia, y a la vez la terminación de la construcción de la Basílica de San Pedro, recurrió a la venta de indulgencias.

En realidad las indulgencias no eran nada nuevo en la Edad Media. La iglesia medieval había creado este instrumento en conexión con la doctrina del purgatorio y el sacramento de la penitencia. La absolución del sacerdote se dividió en dos partes. Una parte es el perdón divino de los pecados luego de cumplir con la llamada satisfacción. La segunda parte incluía el perdón temporal de los pecados en el purgatorio antes de ingresar al cielo. Si la persona cristiana no tenía suficiente tiempo en esta vida para realizar la satisfacción por sus pecados tendría que pasar cierto número de años en el purgatorio, y una vez cumplida su satisfacción, su castigo temporal, podría gozar de las delicias celestiales. El sacramento de la penitencia dictaba que el pecador tenía que mostrar su arrepentimiento al hacer ciertas obras que indicaran en esta vida temporal que estaba genuinamente arrepentido de sus pecados. La doctrina católico romana hace alusión a 1 Juan 2:2 "[Jesucristo] es la propiciación por nuestros pecados, y no solamente por los nuestros, sino también por los de todo el mundo". Este texto es solamente uno de los que sirven de fundamento para afirmar que Dios ha otorgado a la Iglesia a través del "Oficio de las Llaves" el derecho a perdonar la penitencia o castigo temporal de los pecados. Otro de los pasajes bíblicos asociados con la enseñanza medieval sobre las implicaciones del sacramento de la penitencia y en particular con las indulgencias es la historia de Zaqueo, cuando éste declaró su arrepentimiento a través del deseo de pagar más por lo que había tomado indebidamente (Lucas 19:8). La enseñanza medieval sostenía que una vez cumplida la acción satisfactoria que mostraba el arrepentimiento del pecador, la absolución declarada por el sacerdote adquiría su vigencia. La absolución mientras tanto estaba condicionada a la ejecución de la satisfacción o pago temporal por los pecados. La teoría de las indulgencias, conectada con la parte de la satisfacción temporal, fue articulada por el teólogo franciscano Alejandro de Hales (1180-1245), quien afirmaba que en el cielo existía un cofre de tesoros donde se encontraban las obras supererogatorias o superabundantes de Jesucristo y de los santos. En esta teoría, ese tesoro de méritos incluía los que Jesucristo ganó durante su vida, pero sobre todo en la obediencia en la cruz. Es decir, Jesús sobrepasó por mucho el pago o las expectativas de Dios Padre para lograr el perdón de toda la humanidad. Además, el tesoro de los méritos contaba también con las buenas obras superrogatorias de los santos, las cuales hacían que el cofre del tesoro celestial rebosara de buenas obras. Este era el tesoro con el que contaba la iglesia. El

Papa, por ser el sucesor de Pedro, administraba este tesoro. La aplicación práctica para la iglesia era que el Papa podía disponer del tesoro de los méritos para cubrir la parte del sacramento de la penitencia que corresponde a la satisfacción de los pecadores. Desde luego, la indulgencia o perdón temporal fue el instrumento que la Iglesia creó para cubrir antes de llegar al purgatorio la obligación de las obras de satisfacción. La indulgencia generalmente se obtenía mediante la "donación" de dinero o de ciertos beneficios para los sacerdotes, los obispos, y al resto de la jerarquía eclesiástica, y en ocasiones para los gobernantes seculares.

A lo largo de la Edad Media, la iglesia emitió varios tipos de indulgencias. Había indulgencias para individuos, parroquias, ciudades, regiones, etc. La iglesia y los beneficiarios de las indulgencias obtuvieron buenos ingresos a cambio de ellas. Más cerca al tiempo del movimiento de la Reforma de Lutero en la Sajonia Electoral, hay que indicar que el mismo elector Federico el Sabio poseía una colección de reliquias que otorgaban indulgencias. La visita al lugar donde se exhibían dichas reliquias supuestamente beneficiaba a los peregrinos, quienes pagaban dinero por sólo verlas y alcanzar así sus beneficios. Cuando el Papa León X planeó la terminación de la Basílica en Roma recurrió una vez más a la venta de indulgencias plenarias. La venta de las indulgencias plenarias del Papa superaba por mucho a las otras indulgencias disponibles en Europa, por lo que la intención era atraer el máximo dinero posible para los cofres que el Papa controlaba. La competencia en el mercado de las indulgencias se tornaba desigual. Ésta fue la razón por la cual Federico el Sabio no permitió su venta en la Sajonia Electoral. La indulgencia plenaria papal que J. Tetzel promovía afectaba seriamente sus intereses, y despojaba a sus gobernados.

En 1517, como párroco de Wittenberg, Lutero supo sobre esta indulgencia papal. No demoró en considerarla un abuso a la luz de los estudios bíblicos que había realizado para entonces. Por ello, procedió a escribir el documento conocido como *Las noventa y cinco tesis*. Lutero se rebeló contra esos excesos al ver sus malas consecuencias no solamente en la moral de los tiempos sino especialmente en la tiranía de los príncipes de la iglesia. Esto se nota muy claramente en *Las noventa y cinco tesis*. En su Tesis 21 escribe Lutero: "En consecuencia, yerran aquellos predicadores de indulgencia que afirman que el ser humano es absuelto a la vez salvo de toda pena, a causa de las indulgencias del Papa." Lutero critica el trasfondo de esa práctica en su Tesis 28: "Cierto es que, cuando al tintinear, la moneda cae en la caja, el lucro y la avaricia pueden ir en aumento, mas la intercesión de la Iglesia depende sólo en la voluntad de Dios"[5].

Pero Lutero no se encontraba solo en su rebelión contra Roma. El hecho de que la iglesia demandara tanto de sus feligreses y de los territorios cristianos ofrecía suficiente combustible y apoyo cuando él lanzó su pequeña llama de protesta. El propicio invento de la imprenta de Gutenberg multiplicó rápidamente las voces como llamas intensas. Con permiso o sin permiso los escritos de Lutero fueron impresos y distribuidos como merengue en la puerta de un colegio por toda Alemania y luego Europa. De aquí parte su inmediata fama, y pronta ira del Papa y sus príncipes contra ese insignificante teólogo de Wittenberg. Es importante destacar que es a la Reforma que pertenece el primer uso de la imprenta como método moderno de comunicación. Sin ese medio hubiera sido imposible propagar en tan poco tiempo el pensamiento y la teología de Lutero.

Pero Lutero no debe considerarse como un Don Quijote, un solitario caballero de triste figura. De varias maneras al final del siglo XV la iglesia ya estaba lista para estas reformas. En el casi amanecer de la Reforma ya había surgido una actitud reformadora en la misma iglesia. Este espíritu reformista es notable especialmente en España donde, los cristianos habían reconquistado sus territorios de los moros. Muy especialmente podemos notar la espiritualidad profunda del misticismo español que nace de una manera abrupta en la última década del siglo XV. Aunque este nuevo florecimiento es casi inexplicable, el ambiente y contexto español es enriquecido por las culturas cristiana, musulmán y judía, se prestó a promover y sostener ese resurgimiento. Las reformas del cardenal Francisco Jiménez de Cisneros (1436-1517) son importantísimas en la historia de la iglesia. En calidad de religioso reformó las vocaciones de los religiosos españoles. Durante su faceta como regente, gobernante de Castilla, Cisneros logra una de sus más importantes empresas: la fundación de la Universidad Complutense en Alcalá de Henares en 1507. Entre sus profesores se encontraba el ilustre Antonio de Nebrija (1444-1522)[6]. Nebrija, como el humanista más ilustrado de España, contribuyó inmensamente a un regreso a las fuentes en el estudio de las Sagradas Escrituras al revisar los textos griegos y latinos de la Biblia Políglota Complutense.

La perspicacia de Lucero y su fe profunda en Cristo Jesús encontraron tierra fértil en su sociedad y condición histórica. Sería importante destacar ciertos otros puntos importantes que ayudaron al florecimiento de la Reforma. De la misma manera que la *pax romana* ayudó en el crecimiento y expansión del cristianismo, el tiempo era propicio bajo la economía, contextos políticos, culturales y sociales al final del siglo XV para el nacimiento de la Reforma. Toda interpretación histórica lleva sus propios prejuicios. De mí parte como autor cristiano, veo en los factores de esa época un *kairos*, un tiempo muy importante y medido en la voluntad e historia de la salvación de Dios. Veamos algunos de estos factores.

Se puede notar un cambio drástico en la economía de esa época. El siglo XIV da cabida a una crisis económica. La gran prosperidad vivida anteriormente en Europa en su sistema feudal casi sucumbió a las plagas que diezmaron grandes populaciones en Europa. La mano de obra valiosa fue reducida a un punto de crisis. Pero Jacques Couer en Francia, la familia Medici en Italia, y los Fuggers en Alemania, cooperaron con los regentes territoriales en Europa, no solamente haciéndose ricos en el proceso, sino también ayudado a crear estados territoriales[7]. Ya cuando se inició la Reforma, la población se había recuperado, pero también estos estados territoriales habían adquirido gran importancia en la vida económica, social y política de los tiempos. Los sentimientos de los pueblos comenzaron a favorecer al estado en lugar de Roma o el Santo Imperio Romano. Esto se nota muy especialmente cuando se trata de Alemania. Mientras que Inglaterra, Francia y España trazan un plan para consolidar sus naciones bajos dinastías reales, Alemania prefiere consolidar el poder de sus estados territoriales. Es importante notar que Carlos I de España no pudo ser elegido Emperador del Santo Imperio Romano sin el financiamiento de los Fuggers en Alemania. De aquí parte el límite de su poder. Su autoridad se encontraba a la merced de esos territorios estatales que le proporcionaba los ingresos y el poder militar necesarios para sostenerse. De aquí parte también el desarrollo y crecimiento de las ciudades del Imperio.

Los ciudadanos de cada ciudad querían cooperar con sus electores y regentes para menguar el poder de los nobles y señores feudales. Estos regentes se dieron cuenta de la gran ventaja que se les ofrecía si apoyaban a las gobiernos locales de las ciudades a costa de los nobles. Los nuevos ciudadanos eran adeptos en la administración, la ley romana, nuevos métodos de guerra, entre tantas otras cualidades, sin poseer títulos heredados de nobleza ni privilegios bajo estos títulos. Estas ciudades eran regidas por concilios municipales y alcaldes controlados por negociantes poderosos más bien que por el Santo Imperio Romano. Así fue que la clase media, los artesanos, y hasta algunos campesinos, llegaron a experimentar un mayor grado de libertad e independencia. Por otra parte, irónicamente esta sociedad recibió también la furia y el desdén de la clase humilde al poder experimentar una pequeña medida de lo que esa sociedad ofrecía. Este mismo sistema económico les proporcionó a los príncipes y regentes una oportunidad de influenciar a su pueblo en la religión y en la cultura. Ellos patrocinaron en esas ciudades nuevos artistas, literatos, y hasta patrocinaron nuevas universidades para la gloria de su pueblo. El elector Federico el Sabio quería compartir especialmente esa gloria para su ciudad. Es por esta razón que funda la Universidad de Wittenberg el 18 de octubre de 1502. Bajo su amparo esta universidad vive con cierta libertad para dar vida al movimiento Reformador. Esto puede suceder a pesar de las garras amenazadoras del Santo Imperio Romano y de la Iglesia Católica Romana. Sin el efecto de los estados territoriales y de la nueva economía de la época esto hubiera sido muy difícil.

Al amanecer del siglo XVI, el clero romano se volvió extremadamente oligarca en la administración de la iglesia. Bajo varios decretos promulgados por la iglesia, los feligreses fueron completamente excluidos en la administración de los asuntos de la iglesia. La iglesia prácticamente llegó a ser en su vida y cultura una iglesia abrumada por sus sacerdotes. En el pasado los laicos en unión a los sacerdotes participaban en los servicios sacramentales. En el siglo XVI los laicos fueron relegados a una participación pasiva en los recintos del coro. La iglesia había reducido la participación del laicado solamente a contribuciones excesivas para sus tesoros, y así llegó a hacerse rica. El clero por su parte, tan ocupado en la administración de sus riquezas, desatendió las necesidades de sus feligreses. También los sacerdotes que vivían en las zonas rurales fueron menos favorecidos y recibían las migajas como salarios. Dada a la influencia y la libertad que llegaron a tener los ciudadanos en sus gobiernos locales, y la autoridad opresiva que el clero ejercía sobre los ciudadanos y humildes campesinos, se puede apreciar cómo existía suficiente combustible para impulsar la causa de la Reforma[8].

La iglesia perdió una gran oportunidad de reformarse durante el Quinto Concilio Laterano (1512-1517). En la apertura del concilio, Edigio da Viterbo, general de la orden augustiana, urgió por una renovación, un nuevo caminar de la iglesia que se demostrara en su espiritualidad y vida diaria. Pero ese concilio dejó de ser verdaderamente ecuménico ya que fue regido y dominado por el clero italiano. Y esos príncipes de la iglesia solidificaron también la ambición monetaria de León X al decretar un apoyo económico total a la iglesia en Roma. Su pretexto fue levantar una cruzada contra los turcos. Irónicamente la sesión final del concilio tuvo lugar el mismo año en que la Reforma comenzó en Alemania. En la sesión final del concilio se reafirmó la bula *Unam Sanctam* (1302) del Papa Bonifacio VIII (1294-1303). La misma declaraba el supremo poder espiritual del papado, aunque de manera indirecta, sobre todos los gobernantes, reyes y príncipes. En la reafirmación de este poder absoluto del papado se congeló la renovación de la iglesia de Roma[9].

---

[1] Lewis W. Spitz, "La influencia de Lutero sobre la filosofía alemana" Destellos Teológicos, (Noviembre, 1983), 43-64.

[2] Richard Marius, *Martin Luther, The Christian Between God and Man* (Cambridge, Massachusetts: Harvard University Press, 1999), 12-13.

[3] Tomado de Roland H. Bainton, *Lutero* (Buenos Aires: Editorial Sudamericana, 1955), 204.

[4] Marius, 6-7. Cf. Lewis W. Spitz, *The Reformation and Reformation Movements* (Saint Louis: Concordia Publishing House, 1971), II: 301-306.

[5] *Obras de Martín Lutero*, I: 9.

[6] Alister E. McGrath, *Luther´s Theology of the Cross* (Oxford: Basil Blackwell, Ltd.), 11-14. "Cardenal Cisneros. Gonzalo Jiménez Cisneros" en *Historia y sus protagonistas* (Madrid: Ediciones Dolmen, 2000), Versión CD/ROM.

[7] Comp.. Harold J. Grimm, *The Protestant Reformation, 1500-1650* (New York: The McMillan Company, 1969), 5-51; Lewis W. Spitz, *The Renaissance and Reformation Movements* (Saint Louis: Concordia Publishing House, 1971) II: 301-25.

[8] Spitz, *The Renaissance and Reformation Movements*, II: 315.

[9] Spitz, *The Renaissance and Reformation Movements*, II: 321-23.

2
Influencias en el pensamiento de Lutero

Tenemos dos objetivos en este capítulo. Primero, demostrar que Lutero era hijo de la vida intelectual de su época. Algunos intérpretes de Lutero han cometido el gran error de concentrarse solamente en sus temas teológicos. Pero es imposible lograr una interpretación genuina de Lutero cuando eludimos su base intelectual. Aunque reconocemos que su genio teológico debe ser captado principalmente como un siervo de Dios, su pugna debe ser principalmente captada como un hecho de fe que usa y rompe a la vez con la tradición intelectual de su época. Es por eso que es importante estudiar los movimientos intelectuales que llegaron a influenciar su pensamiento.

Reflexionar en cuales movimientos intelectuales influenciaron a Martín Lutero en su rol como reformador de la iglesia es como remar en alta mar. Existen cuatro corrientes influyentes es ese mar profundo: el nominalismo, el humanismo, la teología agustiniana y el misticismo. Pero estas corrientes aparecen como las olas del océano en el pensamiento de Lutero. A veces son olas únicas que casi lo arrastran a cierto destino. Otras veces las corrientes chocan unas con otras y no se sabe exactamente cómo surgen o llegan las olas. Podemos también percibir a Lutero luchar contra viento y marea contra una de esas corrientes y otras veces la usa inteligentemente como un velero en el mar para seguir su propio rumbo[1].

Veamos pues cómo estas corrientes viven en el pensamiento de Lutero.

Lutero en relación al nominalismo

Una de las interpretaciones que predominan sobre las influencias intelectuales de la Reforma es que Lutero fue principalmente un monje agustino criado en el clima nominalista de su época. De allí parte su obra reformadora. Es por eso que debemos considerar el nominalismo como movimiento influyente en la teología luterana.

El nominalismo se puede investigar desde un punto filosófico o teológico. El nominalismo se entiende en el estudio sobre el conocimiento humano, la epistemología, como una crítica del escolasticismo en su percepción de la realidad. La epistemología de Tomás de Aquino (c.1224-1274) es ejemplar del escolasticismo del siglo XIII. Para Tomás, nuestro conocimiento de la realidad universal comienza con la experiencia sensible de los objetos. El sistema escolástico es conocido como realismo, ya que indica que un objeto o realidad universal existe antes de ser conocido (*ante rem*).

La filosofía de Guillermo de Occam (1280-1349) es la primera en ser declarada nominalista, aunque existen otros intentos más tempranos. La postura del nominalismo es rechazar la existencia de entidades universales antes de ser reconocidas. Para Occam, las identidades universales no existen antes de ser nombradas son sencillamente nombres que le damos a las cosas. De allí parte el término "nominalista". Los universales son para Occam términos o signos que se usan para referirse a objetos individuales o grupos, *sets*, de objetos individuales. Pero lo "universal" no puede existir ya que lo que existe es lo individual. Por eso un concepto universal sólo existe después de ser nombrado (*post rem*)[2].

Principalmente debemos de notar aquí lo importante que es para la Reforma el nominalismo de Occam. Primero, libera el estudio de la teología cristiana de la metafísica de Aristóteles. En vez, le da énfasis a la fe y a la tradición de los padres de la iglesia como fundamento de la teología cristiana. De allí parte su ruptura con el dogmatismo antiguo del escolasticismo, la *via antiqua*. La famosa "navaja de Occam" a eliminar ideas y conceptos logrados o inventados por la especulación de la escolástica. Su pensamiento nominalista llegó a ser también el mayor enemigo de la razón e intelecto humano cuando sus aseveraciones no podían ser verificadas por la experiencia humana. Su metodología da cabida a la experimentación de la ciencia moderna basada en un método empírico, en vez de una autoridad ciega. Y así pasó Occam a ser designado. En el lugar de la *via antiqua*, los inspirados por esta nueva manera de hacer teología, son llamados los seguidores de la *via moderna*.

Lutero fue definitivamente influenciado por el movimiento nominalista en sus estudios de artes y teología en Erfurt. La filosofía aprendida en los cursos universitarios era la de Aristóteles. Desde el siglo XVI esta filosofía se enseñaba según tres tendencias interpretativas o vías. Estas eran las vía tomista, la vía de los escotistas, y la vía de los nominalistas. En Erfurt *reinaba* la vía ocamista, por la influencia de Gabriel Biel en su profesorado.

Tenemos que ser cautelosos por cuanto no se puede tan fácilmente identificar el nominalismo con cierta manera de hacer teología y no con otra. Se puede ver, por ejemplo, cómo desde una perspectiva nominalista existen diferentes interpretaciones de la justificación. También debemos de tener en cuenta que Tomás de Aquino en su madurez les da bastante énfasis a los padres de la iglesia y a las Sagradas Escrituras. Además su postura contra el pelagianismo es adoptada por el nominalista Gabriel Biel. Lutero en sus *Charlas* quiere ser reconocido como un seguidor de la vía moderna. Pero sabemos, como luego demostraremos, que su doctrina de la salvación es totalmente opuesta a la de Gabriel Biel (1420-1495), ese seguidor de la vía moderna, a quien ya hemos mencionado como profesor en Erfurt[3].

El nominalismo en relación a la orden agustina

Es imprescindible reflexionar sobre la influencia agustina en el pensamiento de Lutero. Durante 1505-1524 Lutero perteneció a la Orden Agustina de los Ermitaños en Erfurt y Wittenberg. Aunque estos monasterios eran agustinos, sus influencias intelectuales no son exactamente las mismas en el pensamiento de Lutero[4]. Lutero fue atraído a los Agustinos de la Observancia en Erfurt, ya que los conocía bien. Esta orden germánica disfrutaba de una cátedra de teología en la Universidad de Erfurt. Varios monjes agustinos eran profesores en la Escuela Teológica de Postgrado de esa universidad de Erfurt. En su perspectiva teológica reinaba el nominalismo de Gabriel Biel.

Se pueden notar varios elementos nominalistas que son muy influyentes en el pensamiento y la teología de Lutero. Entre ellos está la ya mencionada "navaja de Occam". Otro elemento nominalista es la insistencia hermenéutica sobre el estudio del contexto en toda interpretación bíblica. La navaja era aplicada para regresar a las fuentes bíblicas y cortar de raíz las categorías abstractas y especulativas en la interpretación de esas fuentes. De allí viene también la insistencia de Lutero sobre la vía de la fe y superioridad sobre la razón para relacionarnos con Dios. Aprende también a ver la iglesia como la congregación de los fieles, y no como una identidad abstracta. Se puede ver también cómo Lutero afirma la voluntad de Dios en vez del ser de Dios en relación a la salvación. Para los nominalista Dios establece su relación salvadora con todos los seres humanos por su gracia y bondad, por su voluntad de tomar como meritorio lo que los seres humanos puedan hacer, aunque sea incompleto. Lutero rechaza luego este último punto. Pero continúa siempre afirmando la voluntad de Dios como punto central en su relación al mundo. También el nominalismo simpatizaba con el conciliarismo, buscaba una participación más abierta de toda la iglesia en sus decisiones, menguando así la autoridad absoluta del pontífice romano[5].

No cabe duda que los principios señalados son importantes en el desarrollo intelectual de Lutero y su obra reformadora. El principio de *sola Scriptura,* tomado del nominalismo de Erfurt, es importantísimo en su reflexión teológica. Así se lo recuerda Lutero en una carta el 9 de mayo de1518 a su antiguo profesor Trutvetter. Cuando Trutvetter se convierte en el más severo crítico de sus *Noventa y cinco tesis*, le recuerda a su maestro sus enseñanzas sobre el papel principal de las Sagradas Escrituras en su tarea docente[6].

Es necesario aclarar aquí cómo Lutero difiere vehemente con la visión soteriológica nominalista. La teología nominalista no puede profundizarse ni encarnarse para Lutero en la realidad central del evangelio, que es la proclamación del Cristo crucificado como viva voz y presencia de Dios entre nosotros. Este principio llega a ser central en su vida a partir de 1515, como luego veremos.

La voluntad de Dios, como ya hemos notado, ocupa un lugar importante en la soteriología nominalista promulgada en Erfurt. Allí se seguía el modelo de Gabriel Biel. Esto marca un punto muy diferente de Tomás de Aquino. Para Tomás el ser y la realidad de Dios, y consecuentemente, la ontología, ocupan el lugar central. Para Biel la voluntad libre de Dios ocupa el lugar central. Esto marca dos posturas divergentes al percibir la gracia de Dios[7]. Los nominalistas dividen en dos la voluntad de Dios. La primera es su voluntad libre y absoluta por ser Dios (*potentia absoluta*). En la segunda, Dios limita su libertad bajo cierto orden que él mismo establece por su propia voluntad (*potentia ordinata*). De aquí parte el conflicto que agudiza la vida de Lutero en el monasterio en Erfurt mientras él profundiza sobre su relación con Dios. Para Biel, como para Occam, la voluntad humana tiene libertad para hacer buenas obras de salvación. En la teología de Biel esto no quería decir que el ser humano fuese perfecto o sin pecado. Lo que significa es que Dios para Biel en su acto de voluntad libre hizo un pacto con el ser humano. Ese pacto de aceptar las obras y hechos del ser humano es inviolable. Dios acepta en esa decisión lo que el ser humano pueda hacer aunque sea muy limitado. Éste es el llamado *meritum de congruo*. Dios entonces acude en asistencia al ser humano, por su propia y soberana decisión de hacerlo. Aquí entra el segundo paso de la cooperación de la gracia de Dios para completar los actos imperfectos del ser humano, el llamado *meritum de condigno*[8].

Hay varios factores por los cuales Lutero rechaza la interpretación de Biel sobre la condición humana y la aceptación del ser humano por la gracia de Dios. En la vida de Lutero podemos percibir un sentimiento agudo de su pecado y su incapacidad de poder acercarse a la justicia de Dios. Sobre esto trataremos luego. Pero se pueden ver otros factores. En sus primeros escritos, como por ejemplo en su primeras lecciones sobre los salmos, la *Dictata super Psalterium* (1511-1513), Lutero afirma la postura nominalista sobre la voluntad de Dios pero luego la abandona[9]. Esto tiene que ver con su regreso a las fuentes de San Agustín. Consecuentemente, es importante evaluar la influencia de la vía moderna y de los hermanos Agustinos en Wittenberg sobre el pensamiento de Lutero.

La influencia agustina en el pensamiento reformador

Es bastante difícil identificar las fuentes agustinianas en el trasfondo del pensamiento de Lutero. Algunos historiadores sugirieron inicialmente que Lutero fue influenciado por la *schola augustiniana moderna*. Esta escuela desarrolló un pensamiento teológico donde se rechaza vigorosamente la teología de Pelagio (c. 354-420/440), quien negaba el pecado original y la soberanía de la gracia de Dios. La misma escuela insistía que el ser humano es completamente corrupto, y que necesita la gracia de Dios para producir acciones buenas. Esta línea insistía también en una teología absoluta de doble predestinación, unos predestinados a la salvación y otros a la condenación. Gregorio de Rimini (c. 1300-1495) fue considerado el más destacado teólogo de esta fuente intelectual. Es importante notar estudios que marcan la influencia de la vía de Gregorio Rimini en la Universidad de Wittenberg. Estas investigaciones notan como la mayor influencia la filosofía occamista de Gregorio y no su teología agustina[10]. Consecuentemente, no podemos atribuir la influencia agustina de Gregorio como la influencia mayor en la teología de Lutero. Lo más probable es que Lutero llegara ha ser influenciado por San Agustín al leer sus escritos en Wittenberg.

En el pasado se ha visto a Juan Staupitz (1460-1524) como la principal fuente de la influencia agustiniana sobre el movimiento reformador de Lutero en lo que la gracia se refiere. Durante los primeros años del noviciado de Lutero en Erfurt, tiempo de su gran incertidumbre sobre el amor y justicia de Dios, Staupitz vino a ser su confesor y pastor más allegado. Staupitz conoció a Lutero por primera vez en Erfurt, durante uno de sus viajes en calidad de Vicario General de la Congregación de los Agustinos. Staupitz fue asignado a este vicariato en el 1503. Recordemos que Staupitz fue el primer decano de la facultad de teología en Wittenberg y, que a la vez ocupaba la cátedra de Biblia. Tuvo que haber visto Staupitz en Lutero algo más que un monje confuso, ya que lo recomendó para que ocupara su cátedra de profesor de las Sagradas Escrituras. En 1512 Staupitz regresa a sus raíces en el sur de Alemania, donde residió hasta su muerte. Staupitz en realidad liberó a Lutero de su obediencia absoluta a la Orden Agustina, y lo aconsejó, pero finalmente se le opuso y no aceptó el movimiento reformador[11].

La influencia fundamental de Staupitz en la vida y teología de Lutero radica en ser su pastor y confesor. Staupitz fue formado primeramente en el tomismo, pero conocía la teología nominalista. Así y todo su pasión teológica no era dictada por la teología especulativa. Amaba principalmente la espiritualidad y la teología mística. Su piedad pastoral fue influenciada por la línea cristocéntrica de San Bernardo y la devoción moderna, devoción que afirma más la relación íntima que tenemos con Cristo y su muerte. Amaba la lectura de la Biblia. Staupitz ayuda a Lutero a ver la inmensa gracia que Dios nos ofrece en respuesta a nuestros pecados. Especialmente dirige a Lutero, para que experimente la gracia de Dios en la sangre de Cristo[12]. Staupitz le administró a Lutero una sólida dosis de teología agustina para corregir su pensamiento nominalista sobre la gracia y la justificación, que eran medidas por la obra humana. Staupitz entonces encamina a Lutero a reconsiderar la gracia de Dios en Cristo como base de su teología. Ayudó a Lutero a orientarse en las Sagradas Escrituras y a amar ciertos puntos de la teología de la gracia de Agustín. Pero Staupitz no es reformador ni amó la reformar; y rompió definitivamente con Lutero en el 1518[13].

Debemos enfatizar que una línea agustiniana no necesariamente desemboca en el mar abierto de la Reforma. El amor de Staupitz hacía Agustín y las Sagradas Escrituras enfoca a Lutero en su camino nuevo de reforma. Pero este camino conduce también a otras conclusiones. Lutero, por ejemplo, no era simpatizante de la doble predestinación tan acentuada por San Agustín. La relación de Agustín con la Reforma debe ser considerada también a la luz del humanismo.

La influencia del humanismo en la reforma

El humanismo es un movimiento importante en el nacimiento de la Reforma. Pero el humanismo es comadre más bien que madre en la reforma luterana. Como comadre ofrece herramientas importantísimas para adentrarse en las Sagradas Escrituras y redescubrir en Agustín ciertos principios ignorados anteriormente. Pero el humanismo no influye en el sentido de proveerle una visión teológica a la Reforma.

El humanismo cristiano en Alemania encuentra sus raíces en Italia. Esto se debe a la proximidad entre los dos territorios y a la costumbre de alemanes acaudalados de estudiar en Italia. El genio alemán Goethe es un buen ejemplo de esta relación. El humanismo cristiano tenía principalmente en común su desacuerdo con la escolástica. Pero existían puntos divergentes entre diferentes ramas humanistas. Aquí lo que queremos hacer ver es cuáles fueron esas herramientas importantes que ayudaron a Lutero y sus más acercados colegas a formar el pensamiento reformador. La meta principal del humanismo fue regresar a las fuentes del cristianismo. Por eso los humanistas más destacados contribuyeron las artes de la filología, la gramática y la retórica para el estudio de las Sagradas Escrituras y de la patrística. Su impresión era que estas fuentes bíblicas se habían corrompido por el manejo especulativo de los teólogos medievales[14]. De aquí nacen nuevos textos gramaticales, el avivamiento del estudio de los idiomas bíblicos, el griego y el hebreo, y nuevas ediciones de algunos padres de la iglesia, entre ellas de San Agustín. Lutero y Carlstadt, por ejemplo, disfrutaron de una de las nuevas ediciones de la obra de Agustín *De spiritu et litera* en 1515 para dialogar sobre la justicia de Dios. Lutero encuentra en esta obra resonancia con sus propios pensamientos sobre la justicia de Dios, aunque no concuerda con varios puntos importantes. Carlstadt descubre allí la fe evangélica y acepta con más entusiasmo que Lutero las conclusiones de Agustín[15].

El énfasis del humanismo sobre la retórica contribuye inmensamente a una práctica esencial en la Reforma: la proclamación del evangelio. Y un punto muy importante en el regreso a las fuentes bíblicas fue la consideración del texto bíblico bajo análisis literarios e históricos. Esta práctica permitió llegar a conclusiones y entendimientos más libres de especulaciones escolásticas y con mayor acercamiento a la situación histórica del texto.

Con todo, el humanismo llega a ser un obstáculo para la Reforma en su postura optimista sobre la condición humana y en su afincamiento en el uso de la razón como punto muy importante en el quehacer teológico.

Influencias del misticismo en la teología de Lutero

Para Lutero nuestra relación de fe con Dios nos llega por medio de la palabra externa del evangelio. Lutero lo expresa en su explicación al tercer artículo del Credo Apostólico donde trata sobre la obra del Espíritu Santo en relación al creyente. En su *Catecismo menor*, lo explica como sigue: "Creo que ni por mi propia razón, ni por mis propias fuerzas, soy capaz de creer en Jesucristo, mi Señor, o de venir a él, sino que el Espíritu Santo me ha llamado mediante el evangelio, me ha iluminado con sus dones...."[16] Para Lutero, el llamado del Espíritu Santo nos llega de manera subjetiva. El Espíritu nos llega por medio de la palabra del evangelio, un medio objetivo. La iluminación del Espíritu no es algo que transciende el uso de nuestra conciencia, sino que se presenta en la objetividad de las Sagradas Escrituras. Es central para la proclamación de la justicia de Dios en la teología de Lutero hablar de una justicia *extra nos*, externa a nuestra persona. No obstante existen también dimensiones que puedan considerarse místicas en el pensamiento de Lutero.

Bengt Hoffman, en un estudio sobre Lutero en relación a los místicos, nos muestra cómo el vocabulario místico vive en el lenguaje teológico de Lutero. Para señalar algunos de esas frases vemos que el Reformador usa el siguiente vocabulario: "El reino en nosotros", "la unión mística", "el Cristo místico", el uso de *gemitus*, que significa en el idioma místico la congoja, el gran dolor de estar ante Dios sin saber qué decir, y el uso de *raptus*, otro término místico que significa ser transportado a una experiencia de unión completa y feliz en la presencia de Dios[1].

Uno de los problemas en discernir el uso de la experiencia mística por Lutero es que se relaciona con una experiencia que no es usada ni descrita por los místicos. Es muy difícil discernir en realidad lo que los místicos llevan en común. No ofrecen un sistema o vocabulario uniforme y por lo tanto es imposible ver cuántos de sus elementos Lutero apropia. Eric Vogelsang nos ofrece unas clasificaciones y un método para estudiar las influencias místicas en Lutero. Vogelsang hace un resumen de los místicos a quienes Lutero conocía. Los clasifica bajo las categorías de misticismo dionisiano, misticismo latino, y misticismo alemán. Vogelsang observa que desde 1516, Lutero rechaza el misticismo al estilo de Dionisio ya que éste, de manera especulativa, niega el papel de Cristo encarnado en nuestra experiencia de fe. Vogelsang observa que para Lutero el misticismo latino o romano se basa más en la experiencia que en la doctrina sobre Cristo, y por eso le es más aceptable. Pero el misticismo latino, para Lutero, carece de la espiritualidad del *Anfechtung*, la llamada *tentatio* o prueba que el cristiano experimenta en su camino con Cristo. El misticismo latino prefiere pasar a una experiencia de unidad erótica matrimonial como experiencia espiritual donde la meta es una unión extática del creyente con la Palabra increada de Dios[2].

Lutero prefiere el misticismo alemán, el de una *resignatio ad infernum*, una postura expresada en el idioma de su pueblo, donde el cristiano acepta la presencia de Dios en su misterio de sufrimiento. Pero todavía, en el caso del misticismo alemán existe una retirada del mundo y sus valores por razón de esa experiencia del sufrimiento. Consecuentemente, Lutero rompe en parte con esta tradición. Para Lutero la *resignatio ad infernum* es la marcha del peregrino en el mundo. Esta *resignatio ad infernum* es la marca del teólogo de la cruz, quien en su marcha en el mundo encuentra la revelación de Dios en su presencia de dolor[3]. La experiencia del misterio de Cristo, adoptada del misticismo, toma nuevos pasos en esa experiencia de la cruz. Como Steven Ozment observa, Lutero prefiere el misticismo alemán y su seguimiento del sufrimiento de Cristo. Pero Lutero ve en Taulero y Eckhart, sus místicos predilectos, un acercamiento también a la teología occamista. Por eso es muy cauteloso sobre sus expresiones místicas. Para Taulero y Eckhardt la llama interior de la fe es la que predomina en nuestra relación espiritual con Dios. Para Lutero hay que distinguir entre lo interior y lo que produce esta fe interior, que es dada por el puro evangelio[4]. Es importante aclarar y resumir estas diferencias ya que de todas las influencias en Lutero muchos han considerado el misticismo alemán como la más significativa.

Se puede percibir en los escritos de Lutero que él conocía personalmente esa experiencia espiritual de que los místicos hablan, especialmente la del misticismo alemán. Pero no le interesaba evaluar el misticismo como un sistema conceptual teológico que fuera válido o no para su tarea teológica. Lo que le interesaba era la teología mística, y por teología mística nos referimos a la experiencia interior e íntima del credo ya aceptado. Para Lutero, la experiencia mística apropiada, como para Taulero, es la experiencia de vivir en Cristo. Lutero al seguir esta tradición mística alemana encuentra los grandes tesoros escondidos en Cristo. Pero para Lutero la verdadera sabiduría y el amor de Dios se encuentran en los sufrimientos y muerte de Cristo por nosotros. La teología mística es para Lutero la otra cara de la fe, la cara interior y espiritual de nuestra relación con Dios. Esta influencia la vemos en Lutero durante toda su vida como reformador. Veamos dos ejemplos.

Al comentar sobre el salmo 28 Lutero expresa esa experiencia mística dada en la oración. Así habla sobre ese acto de comunión con Dios: "Se ora en vano si las manos no se elevan en una mística y suprema elevación"[5]. Para Lutero el hecho de nuestro bautismo en Cristo es una experiencia mística diaria donde Cristo vive en nosotros. Su comentario sobre Romanos 6:4 muestra esta faceta de su misticismo: "Pues si él [Pablo] explica lo que él ya dijo, que hemos sido plantados físicamente en una muerte como la Suya [Cristo], esto es similar a Su muerte, pues hemos sido si sepultados en una muerte mística, ciertamente seremos resucitados a una espiritualidad similar a la Suya, en una resurrección como la Suya..."[6].

En resumen

En el contexto del movimiento reformador que brota en Wittenberg, el humanismo le permite a Lutero acercarse particularmente a las Sagradas Escrituras con un propósito apremiante. Su propósito era descubrir el significado y las implicaciones sobre la justicia de Dios proclamadas especialmente por San Pablo (Cf. Romanos 1:17). Los teólogos de Wittenberg estaban principalmente preocupados con la soteriología, y especialmente cómo se expresaba en ella la doctrina de la justificación. En este capítulo hemos observado una continuidad y discontinuidad entre Lutero y las tendencias y movimientos de la época en el pensamiento del Reformador. Se encuentran resonancias y disonancias con el nominalismo, el agustinianismo, el humanismo y el misticismo. En todas estas fuentes encontramos grandes factores importantes para su pensamiento y teología. Lutero no puede entenderse aparte de estas corrientes presentes del principios del siglo XVI.

---

¹Cf. por ejemplo las siguientes obras sobre los diferentes factores intelectuales: Heiko A. Oberman, *The Dawn of the Reformation* (Grand Rapids, MI: Erdmann, 1992); Heiko A. Oberman, *The Harvest of Medieval Theology and Late Medieval Nominalism* (Cambridge, MA: Harvard University Press, 1963); Alister McGrath, *Intellectual Origins of the European Reformation* (Oxford: Basil Blackwell, 1987); Alister McGrath, *Luther's Theology of the Cross* (Oxford: Basil Blackwell,1985); Steven Ozment, *The Age of Reform* (1250-1550) (New Haven: Yale University Press, 1980).

²Cf. Dagoberto D. Runes, *Diccionario de la filosofía* (Barcelona: Editorial Grijalbo, 1969), 266.

³McGrath, *Intellectual Origins of the European Reformation*, 73-75. Oberman, *The Dawn of the Reformation*, 5-7. Cf. WATr, 5, 6419 donde Lutero se refiere a sí mismo como *terminista modernus*. Comp. también a García-Villoslada, *Martín Lutero*, I: 111-14 sobre las influencias intelectuales y religiosas en los años formativos de Lutero.

⁴Cf. E.G. Schwiebert, *Luther and his times: the Reformation from a New Perspective* (Saint Louis: Concordia Publishing House, 1950), 145-96. El capítulo cinco de esta obra, titulado "La Lucha Monástica, la Realidad de la Crisis" nos hace comprender su vida en relación a los dos monasterios.

⁵Oberman, *The Dawn of the Reformation*, 52-56. García-Villoslada, *Martín Lutero*, II: 70-71.

⁶Oberman, *The Dawn of the Reformation*, 61-65.

⁷McGrath, *Intellectual Origins of the Protestant Reformation*, 79-82. La gracia de Dios se percibe en el escolasticismo como un hábito creado de gracia. Para la justificación se necesita entonces un cambio en el ser humano. En contraste, en el nominalismo la gracia de Dios surge de su divina decisión.

⁸Schwiebert, *Luther and his times*, 168-170. Estos términos son muy disputados por Melachthon en la *Apología*, IV, 19-21 (*Libro de Concordia*, 80-81).

⁹McGrath, *Luther's Theology of the Cross*, 88-89. En la *Dictata* se puede ver como Lutero habla sobre la justificación humana bajo el pacto establecido por Dios en aceptar lo que podamos hacer por nosotros mismos. Cf. LW 10-11. En su interpretación del Salmo 115:1, escribe: "La llegada de Cristo en la carne fue ofrecida bajo la pura misericordia del Dios de promesa, y no fue otorgada bajo los méritos de la naturaleza humana ni negada tampoco por la falta de méritos humanos. Así todo fue necesario que la preparación y disposición en recibir a Dios fueran hechas...." (LW 11, 396). Mi traducción vertida del texto en inglés.

¹⁰McGrath, *The Intellectual Origins*, 90-91; Oberman, *Headwaters*, 162.

¹¹Comp. David Steinmetz, *Luther and Staupitz* (Durham, North Carolina: Duke University Press, 1980). Steinmentz ofrece un estudio importante sobre la influencia que tuvo Staupitz en Lutero.

¹²Comp. Markus Wriedt, *Gnade und Erwählung: Eine Untersuchung zu Johann von Staupitz und Martin Luther* (Mainz: Philip von Zabern, 1991). Es un excelente

estudio donde investiga los sermones de Staupitz de 1516 y los relaciona al Comentario de Lutero sobre Romanos de 1516. Se pueden ver temas similares sobre la misericordia de Dios, la presencia de Cristo en el cristiano, y la consideración del tema de la elección desde un punto de vista pastoral.

[13] Steinmetz, *Luther and Stauptiz*, 143-144.
[14] Grimm, *The Reformation Era*, 70-87; McGrath, *The Intellectual Origins of the Reformation*, 32-68.
[15] McGrath, *The Intellectual Origins of the Reformation*, 183-86.
[16] *Libro de Concordia*, 360.
[17] Bengt R Hoffman, *Luther and the Mystics* (Minneapolis: Augsburg Publishing House, 1976), 13-14.
[18] Oberman, *Dawn of the Reformation*, 126-54.
[19] Erich Seeberg, *Luther's Theologie*. 2 vols. (Stuggart: W. Kohlhammer, 1937), I: 142. John Dillenberger nota este cambio del uso de *resignatio ad infernum* en Lutero. Comp. John Dillenberger, *God Hidden and Revealed* (Philadelphia: Muhlenberg Press, 1953).
[20] Steven Ozment, *The Age of Reform: 1250-1550* (New Haven: Yale University Press, 239-44.
[21] Esta cita esta tomada de sus primeras clases sobre los Salmos, su *Dictata super psalterium* (1513-1515), LW, 10, 128.
[22] Clases sobre Romanos, LW 25, 51. Aquí el referirse en que "hemos sido plantados" es una comparación con Juan 12:24. Existe una relación inexplicable pero real, íntima y mística entre esto y el bautismo.

3
Lutero: un ser humano de carne y hueso

"De poeta y loco todos tenemos un poco". Esto es un refrán muy conocido en nuestra cultura hispanoamericana. Se puede apreciar a Lutero como una persona llena de la inspiración del evangelio de la cruz. De allí parten su poesía y su pasión como reformador pero también su locura. El encontrar su destino y su libertad en el evangelio lo llevó a actuar a veces con una pasión impulsiva en afirmación de este tesoro. Y varios confundieron su pasión con una locura clínica fuera de lo común, como la de un Don Quijote.

No cabe duda que conocer a Lutero como un ser humano, un ser de carne y hueso es muy importante para conocerlo como reformador. Conocerlo así requiere que lo conozcamos como un ser influenciado por su época. La ciudad de Eisleben, donde nació, se encuentra al pie del monte Harz y de esos grandes bosques de Turingia. Su pueblo estaba lleno de ansiedades y supersticiones. Las plagas, los accidentes mortales, donde un sin número de mineros desaparecían en los derrumbes desprevenidos, eran parte de su experiencia formativa. En su pueblo los mineros oraban especialmente por el amparo de su santa patrona Ana, la madre de María. Vivían angustiados no solamente por temer el castigo y el juicio de Dios, sino también por la maldad que reinaba en su ciudad y en los bosques. En esa sociedad el diablo y las brujas eran inmensamente temidos por encontrarse a la libre en sus tramas y juegos. Buscaba siempre el pueblo de Eisleben cómo guardarse de esos poderes malignos. Es por esta razón que a solo de pocas horas de su nacimiento, los padres de Lutero, que eran cristianos piadosos, pero también dados a la superstición, lo bautizaron.

Encontramos en la personalidad de Lutero grandes batallas con Dios y con el diablo. Tenía Lutero un gran sentido de culpabilidad y ansiedad frente a Dios. También encontraba no muy lejos de sí las garras del diablo, siempre listo para tentarlo y empujarlo al abismo de la condenación. Tales angustias no son muy bien entendidas por la humanidad moderna. Pero en medio de sus batallas personales surgió una persona grandemente apoderada por la fe en Cristo Jesús. Su fe evangélica lo ayudó a luchar contra sus tentaciones y sus ansiedades. Debemos entender también que Lutero no fue una persona saludable. Sufrió de problemas estomacales, de periodos de depresión, de cálculos en el riñón, de gota y quién sabe de cuántos más males fisiológicos. Esto sin contar que como un hombre joven se tuvo que enfrentar a sistemas y poderes que se encontraban fuera de su alcance. Así continuó haciéndolo toda su vida.

En este capítulo queremos captar la personalidad de Lutero como un ser humano de carne, y hueso en sus más profundos conflictos. Pero lo queremos captar en medio de su fiebre vocacional de servir a Dios en diferentes maneras y momentos. Este no es un capítulo biográfico. A eso atenderemos en la próxima sección de este libro. Lo que queremos lograr aquí es entrar en el laberinto de su personalidad y ver cómo fue bendecido por Dios.

Amigo jovial

Lutero era un hombre de cinco pies (un metro y medio) de estatura, algo no fuera de lo común en su época. Gracias a varios artistas tenemos una idea de su rostro y figura en su juventud, madurez y hasta su muerte. Durante sus primeros treinta y ocho años de vida se le ve como una persona esbelta, pero a veces demacrada por su salud. Tenía una voz afable y, por los recuentos de su tiempo, era usada muy bien en sus predicaciones y cursos como profesor. Se sabe que podía relacionarse bien con el pueblo campesino, con estudiantes y con personas distinguidas en su papel como pastor y profesor. Lo querían no solamente por su contenido sino también por su persona[1]. Tenía una personalidad cautivadora. Hacía muy buen uso del arte del drama para enseñar y comunicarse. G. Spalatin, en unas de sus visitas en 1520 a Wittenberg, cuenta que unos 400 alumnos se encontraban entonces asistiendo a las clases de Lutero. Esto era algo espectacular para una escuela de postgraduados en esos tiempos. Tales eran la manera y el espíritu del profesor, a pesar de sus muchas otra contrariedades.

Durante sus estudios universitarios, tenía muchos amigos con los cuales compartía su alegría de vivir. Le gustaba tocar la lira, leer buenos libros, charlar y disfrutar de una buena cena con sus amigos. Así que no era una figura reclusa, sino alguien a quien era fácil de llegar y con quien se podía compartir. Antes de abandonar su carrera jurídica consulta con sus amigos universitarios. Al tomar por fin esa gran decisión de ingresar en el monasterio en julio, 1505, primero celebra una fiesta de despedida con sus compañeros y amigos. Les declara que va entrar en el monasterio agustino de Erfurt y reparte casi todos sus libros entre ellos. Su ansiedad y deseo de buscar la voluntad de Dios lo separan por un tiempo de ellos y de su pueblo. Pero su naturaleza era la de compartir y celebrar en un contexto social. Sabemos que ya como profesor evangélico establecido en Wittenberg su más grande deseo era compartir entre sus amigos y alumnos una buena cena y conversación. De allí nacen sus famosas *Tischreden* o *Charlas de sobremesa*[2].

No cabe duda que desde el momento que ingresa en el monasterio pasa por un tiempo de solitud. Es un momento en que él, como otras personas destacadas como Chaucer, Dante, Erasmo y Tomás Moro, lucha con Dios y con el diablo en busca de paz. En el claustro, Lutero vive en comunidad con sus hermanos monjes. Allí lucha en su noviciado bajo la tutela de hermanos que lo aconsejan que no sea tan duro consigo mismo. Lutero no fue un monje que prefiriera vivir fuera de su comunidad y sus hermanos en la fe.

Lutero fue siempre una persona que añoraba la compañía del pueblo de Dios en sus supremas tentaciones y ansiedades. Sus luchas con Dios y con el diablo continuaron siempre, aunque de una manera diferente en su vida bajo la fe evangélica. Pero siempre añoraba la compañía de su familia y colegas en sus grandes batallas. Esto es evidente en el Castillo de Wartburgo cuando se encuentra obligado al exilio en 1522. Lutero desea la compañía de su familia y especialmente la de sus hermanas y hermanos en

Cristo. Otro buen ejemplo de esto se puede captar en el ocaso de su vida, en unas de sus clases sobre Génesis. Reconoce aquí que la batalla y la lucha es verdaderamente posible sólo en la compañía con el pueblo de Dios. Así lo afirma en su comentario sobre Jacob y su lucha con Dios [Génesis 33:1]: "Jacob fue bendecido con la más rica de las consolaciones, no solamente por aquellas que él experimentó, sino también por aquellas experimentadas por su abuelo Abraham y su padre Isaac. Así y todo luchó con las más grandes flaquezas. Por ello [declara Lutero] ustedes deben pensar así: "No me encuentro solo al ser tentado por la ira de Dios, la predestinación, y la incredulidad. ¡No me encuentro solo! Todos los santos, cuantos han creído o creen hoy en el Hijo de Dios, experimentan estas luchas de tentación, por las cuales ellos o toda la iglesia son disciplinados. ¿Pues qué es toda esta asamblea que es llamada iglesia?"[3] Para Lutero sus grandes luchas espirituales no eran solamente de índole personal, aunque se manifestaron a veces como grandes luchas personales. Eran también luchas de la fe que pertenecían a toda la comunidad cristiana. Por tanto, sus luchas no se relegaron al monasterio sino se volvieron luchas por la reforma de la iglesia. De allí parten su esperanza y su genio reformador.

Hombre de familia

Al principio de la Reforma, Lutero fue acusado de seductor de monjas. Así también fueron acusados sus colegas. Pero el joven reformador fue muy cauteloso al principio de su obra reformadora en no romper su celibato. Esto no quiere decir que estaba opuesto al matrimonio para quienes vivían la vocación de sacerdotes. En su tratado *A la nobleza de la nación alemana* (1521) sugiere la libertad que tienen los sacerdotes en casarse, pero sugiere que los que viven la vocación de monjes deben por voluntad propia mantener ese estado[4].

Al siguiente año, en su tratado *Votos monásticos* [1521], Lutero libera a los monjes del voto del celibato. La razón que da es que los votos tomados bajo el antiguo sistema católico romano ya no valen para quienes han sido iluminados e informados por el santo evangelio[5]. Para Lutero el estado del santo matrimonio es un estado noble y maravilloso si es propiamente observado. A esto insta en su sermón sobre la *Institución del santo matrimonio* [1519] ya al comienzo de la Reforma[6]. Bartolomé Bernhardi, uno de sus discípulos, tomó ese consejo y se casó en 1521. Pero como se puede ver esto llevó a una controversia ya que en esa época no era considerado propio que los sacerdotes se casaran. Lutero fue quién celebró la boda de Bernhardi bajo las pautas bíblicas sobre el matrimonio. Ya para el 1524 muchos sacerdotes confiaban en Lutero sobre su resolución de casarse. Las bodas entre las hermanas monjas y sacerdotes que vivían ahora en la fe evangélica se volvieron muy frecuentes. De aquí es que surgen la crítica y las malas lenguas.

Lutero no llegó a entrar en el estado de santo matrimonio con Caterina von Bora hasta el 13 de junio de 1525. Fue así porque Lutero no veía esto como prioridad en su vida. Caterina von Bora llegó a ser, así y todo, la persona más importante en su vida cotidiana y como reformador. Sin ella, Lutero probablemente hubiera muerto más joven y no hubiera tenido suficiente tiempo para sus tareas reformadoras. Caterina tenía veinticuatro años y Lutero cuarenta y dos cuando se casaron. Ella procedía de una familia de clase media, y se educó en la escuela de los benedictinos y luego en el convento cisterciano donde ingresaban mujeres de clases altas para su noviciado. Esto se debió a las circunstancias de su vida, ya que su padre enviudó y ella no llevaba una buena relación con su madrastra. Lutero trató por un tiempo de encontrar un esposo adecuado para ella. Caterina era una mujer muy independiente y prefería escoger a su propio esposo. Así lo hizo con Lutero. No sólo le propuso matrimonio, sino que le mostró cuánto más podría él lograr si ella se encargaba de la administración de su hogar y sus finanzas. Lutero necesitaba mucha ayuda en estos asuntos y fue bendecido grandemente por la asombrosa administración de su querida esposa. A pesar de que Lutero recibía un salario adecuado para su época, siempre estaba amparando y cuidando a desamparados, e invitando a amigos y estudiantes a su hogar[7]. Aunque se sabe que los dos no estaban enamorados al principio de su matrimonio, el mismo llegó a ser una gran bendición para ambos. Bajo su matrimonio vemos también otra dimensión de la personalidad de Lutero. En sus días finales se mantuvo en constante contacto con Caterina por medio de seis cartas. Vemos el gran amor y respaldo que tenía de ella al dirigirse a ella en unas de esas cartas en son de broma: "A mi queridísima esposa Caterina, lutherina, doctorina,... del mercado de cerdos inquilina y demás títulos. Gracias y paz en Cristo, con la expresión de mi viejo amor"[8].

Lutero quería inmensamente a su familia. El llamado Claustro Negro fue convertido por Caterina en su hogar. Su sala familiar era el centro de la reforma. Lutero y Caterina tuvieron seis hijos. En ese ambiente familiar, los niños compartían con sus juegos y regocijos en la sala del Reformador donde éste conversaba y consideraba los asuntos importantes de la Reforma. Se sabe por medios de las cartas de Lutero cuánto quería él a su esposa e hijos, y cómo ellos como padres se preocupaban por cada uno de sus hijos. En ese hogar compartieron también la muerte de su segundo hijo, la niña Elizabet, que murió apenas a la edad de un año. De ella Lutero comenta cómo su corazón quedó completamente acongojado y siempre dejó un vacío[9].

Amante de la música

No cabe duda que Lutero era amante de la música. Para él la música ocupaba un lugar central en la adoración a Dios y en su vida familiar. Muchos de sus himnos se cantan hoy hasta en la Iglesia Católica Romana. Sus himnos tienen como inspiración la palabra de Dios, especialmente el mensaje cristocéntrico de la salvación. Son muy bien estructurados aunque prefiere la técnica de la aliteración por encima de diferentes métricas de versos. Su uso del idioma del pueblo fue muy bien recibido. Hoy en día sería muy difícil apreciar su estilo, ya que sus himnos y estrofas han sido modificados en sus traducciones y se les ha dado un estilo más sutil. Pero los himnos de Lutero expresan claramente su fe evangélica arraigada en Cristo Jesús. Sus himnos marcan también los grandes temas evangélicos que fueron tan necesarios en su vida íntima y personal a la vez que como reformador[10]. Queremos destacar aquí dos de estos himnos.

"Del alto cielo bajo yo" (Vom Himmel hoch, 1534-35) fue dedicado por Lutero a su familia como villancico navideño cuando ya tenían sus hijos suficiente edad para cantarlo. Se ve en esta composición un estilo que de una manera fácil envuelve a los niños en el espíritu de Navidad. En realidad compuso este canto-himno para que su familia lo presentara en su hogar como programa de

Navidad[11]. En él vemos un verdadero enlace de la personalidad de Lutero como padre de familia con su vocación como reformador. Este himno capta la visión más profunda de Lutero sobre Cristo. Dios llega desde lo alto para tomar su lugar humilde en la cuna como nuestro Salvador. Cristo se nos llega, especialmente en el medio de nuestros hogares, como verdadero Redentor. Aquí tenemos tres estrofas que afirman esta realidad:

> Ir, pues, les doy señal:
> En un pesebre de Belén
> Encontrarán en vil pañal
> A aquel que al mundo da sostén,
>
> Atiende allí mi corazón:
> ¿A quién en el establo ves?
> ¿Quién es el niño? ¡Hermoso don!
> Jesús, mi Salvador, él es,
>
> ¡Oh, tú, del mundo gran Señor!
> ¿Por qué te humillas tanto así,
> Que te has dignado con tu amor
> Venir cual niño pobre a mí? [12]

Castillo fuerte es nuestro Dios

El himno "Castillo fuerte es nuestro Dios" constituye la firma teológica y reformadora de Martín Lutero. Este himno fue inspirado por el Salmo 46 y publicado c. 1527-28. Revela más que cualquier otro himno la lucha personal de Lutero con el diablo y el mundo entre los años 1520 a 1530. Se pueden detectar en este himno rasgos de cantos folklóricos de su tiempo[13]. Este himno traza lo fundamental y trascendental en la lucha del Reformador. Para Lutero, de una manera escatológica, Cristo Jesús, Dios poderoso, ya ha vencido en la batalla. El medio por el cual el cristiano continúa victorioso en esta batalla es la santa Palabra de Dios. Así lo expresa Lutero en las primeras tres estrofas:

Castillo fuerte es nuestro Dios,
Defensa y buen escudo
Con su poder nos librará
En este trance agudo.
Con furia y con afán
Acósanos Satán
Por armas deja ver
Astucia y gran poder:
Cual él no hay en la tierra.

Nuestro valor es nada aquí
Con él todo es perdido
Más por nosotros pugnará
De Dios el escogido.
¿Sabéis quién es?
Jesús, el que venció en la cruz,
Señor de Sabaot,
Y pues él solo es Dios,
Él triunfa en la batalla.

Aun si demonios mil están
Pronto a devorarnos,
No temeremos porque Dios
Sabrá aun prosperarnos,
Que muestre su vigor
Satán y su furor
Dañarnos no podrá;
Pues condenado es ya
Por la Palabra santa.[14]

Lutero: el ser humano entre Dios y el diablo

El título que le damos a esta sección lo tomamos de la biografía sobre Lutero escrita por Heiko Oberman[15]. Este libro fue publicado originalmente en alemán bajo el título de *Luther: Mensch zwischen Gott und Teufel*. Aunque la mayoría de los autores traducen *Mensch* como hombre, aquí quiero destacar el uso en alemán de "*Mensch*" que se puede referir a todo ser en su humanidad. Oberman observa en su biografía como Lutero se refiere al diablo constantemente en sus *Charlas de sobremesa*. Carlos Eire nos indica que el índice de los seis volúmenes de la edición de Weimar acerca de las *Charlas de sobremesa* (*Tischreden*) hace referencia al diablo bajo 138 temas. El nota que el diablo se cita más frecuentemente en ese índice que los temas de la Biblia, el evangelio, la gracia, iglesia, la oración, la justificación, y la oración. Afortunadamente las referencias a Cristo y Dios son más numerosas que las del diablo, pero no por mucho, en las *Tischreden*[16].

La figura del diablo era muy común en la vida y literatura monástica del mundo de Lutero. Los monásticos esperaban, como Jesús en sus batallas en el desierto, tener una confrontación con Satanás y sus demonios. La tentación del diablo era muy apropiada en contexto en que los hijos de Dios buscaban progresar en su camino de santidad. Lutero comenta en sus *Charlas* cuál es su lucha con el diablo desde el momento que descubrió la verdad del evangelio. "Era yo", comenta, "un monje piadoso pero muy triste pues creía que Dios no me amaba. Celebraba la misa y oraba y casi nunca vi u oí la voz de una mujer mientras me encontraba en la orden [monástica]. Ahora tengo otras tentaciones del diablo. Me confronta frecuentemente con ideas como estas: 'A cuantas personas has llevado a la ruina'"[17]. Su lucha mayor bajo esas tentaciones era dudar la palabra de libertad del evangelio. Pero para Lutero esas luchas eran un tipo de tentación productiva por cuanto llevaban al cristiano a meditar con más intensidad en la Palabra de Dios y el evangelio de la cruz. Las tentaciones de Satanás llegan entonces a ser un instrumento después de Dios, quien está en control. Nos llevan a arraigarnos en la Palabra de Dios. Esta visión es congruente con su himno "Castillo fuerte es nuestro Dios".

No obstante, Lutero cerca de su muerte manifestó otra dimensión de las batallas del cristiano con Satanás. Como observa Mark Edwards, las batallas que Lutero entabló como un reformador ya anciano y enfermo fueron las batallas con el diablo en la dimensión escatológica. Lutero creía en el ocaso de su vida que los días finales se acercaban. No quería especular sobre esos sucesos finales. Pero aquí se ve a Lutero entablar su lucha con el diablo bajo la lucha del pueblo de Dios. La iglesia lucha con los poderes del antireino. Lutero encuentra en la maldad entablada por naciones y pueblos la mano del diablo frustrando y confrontando al pueblo de

Dios. La lucha no es psicológica ni interna. Es una lucha real con todos los poderes malignos en la historia que frustran el poder de Dios. Así que Lutero de una manera muy práctica dirige la lucha de la iglesia contra la maldad y los demonios en la esfera de la historia de la salvación de Dios[18]. En esta batalla encontramos entonces a Lutero más cerca de San Agustín que en otros aspectos concernientes a la salvación.

Para resumir debemos notar tres puntos. Primero, que Lutero fue un ser humano de sus tiempos, y que no tuvo buena salud. De aquí parten muchas de sus limitaciones. Segundo, vemos especialmente en su vejez que su temperamento recio era parte de su intolerancia en aceptar las opiniones y convicciones diferentes a las propias. Su preponderancia por el drama lo llevó muchas veces a atacar a sus opositores de manera cruda y vulgar. Parte de esto se debe a su personalidad y situación. No olvidar que este estilo de escribir y expresarse era común entre los grandes escritores de su época. Por ejemplo, el reconocido dramaturgo inglés William Shakespeare (1564-1616), hijo del siglo XVI, demuestra más vulgaridad en sus obras teatrales que Lutero. Y no nos olvidemos del apreciado y querido Francisco de Quevedo (1580-1645), sacerdote satírico español, hijo también de su época, que usó también la vulgaridad en sus bien conocidos escritos.

Tercero, Lutero también resplandecía bajo diferentes situaciones como un ser humano de carne y hueso. Así fue en su vocación cristiana como amigo, profesor, pastor, esposo, y padre de familia. En todo esto él reconocía el amparo, bondad y gracia de Dios. Este es su testamento. Así lo reconoció especialmente en sus últimas palabras escritas ante de su muerte en Eisleben. Fueron descubiertas en un papelito arrugado en uno de sus bolsillos: "Hoc est verum: Wir sind Pettler", que traducidas significan, "Esto es ciertamente la verdad: somos pordioseros"[19]. Nada más ni nada menos define la personalidad de Lutero. Su personalidad, y sus faltas, son renovadas en el poder del evangelio de la cruz en su vida como reformador. Es Cristo quien reina, y no Lucero. Así se le reconoce como ser de carne y hueso.

---

[1] Existen varias biografías que narran este aspecto de la personalidad de Lutero. Una bastante amena y corta es la reciente por Martin Marty, *Martin Luther* (New York: Penguin Books, 2004).

[2] Cf. LW 54, ix-xi.
[3] *Lectures on Genesis: Chapters 31-37*, LW, 6, 149. Mi traducción del inglés. ALG
[4] Lutero, OML, 1: 92.
[5] WA VIII, 593-94, 606.
[6] WA II, 170-71.
[7] Schwiebert, *Luther and his Times*, 581-95.
[8] García-Villoslada, 567. La llama "zülsdorferina", del mercado de cerdo inquilina" por haberle ella rogado a Lutero comprar una granja en Zülsdorf, y porque el jardín adyacente a su casa estaba contiguo al mercado de cerdos.
[9] Schwiebert, *Luther and his Times*, 595.
[10] Comp. Ulrich S. Leupold, "The Hymns", en *Luther's Works*, 53, 191-334.
[11] Leupold, "The Hymns," LW 53, 289.
[12] *Culto cristiano* (New York: Publicaciones El Escudo, 19), Himno 18. Traducción adaptada para este libro por ALG. 64.
[13] Leupold, "The Hymns," LW 53, 283.
[14] *Culto cristiano* (New York: Publicaciones El Escudo, 19), Himno 129.
[15] Heiko A. Oberman, *Luther: Man Between God and the Devil* (New York: Image Books, 1992.
[16] Carlos M. N. Eire, "The Devil in Luther's Table Talk", 2. Este es un ensayo ineditado que aparecerá en el futuro en un *Festschrift* dedicados a Steven Ozment.
[17] WAT 1. 518. Tomado y traducido por ALG del ensayo de Eire, 518.
[18] Edwards, *Luther's Last Battles*, 16-17.
[19] WAT 5, 318.

4
Los años formativos de Martín Lutero

Según su compañero Melanchthon, Lutero nació el 10 de noviembre de 1483. Sus padres se llamaban Hans y Margarita. Se cree que Martín fue su primer hijo de, al parecer, cuatro hijos y cuatro hijas. Es probable que no todos sobrevivieran la infancia. Martín recibió este nombre debido a que en el día de su bautismo, efectuado al siguiente día de su nacimiento en la iglesia de San Pedro y San Pablo en Eisleben, se conmemoraba a San Martín. Esto indica que los padres de Lutero eran cristianos piadosos. El pueblo en que vivían Hans y Margarita Luder (como originalmente la familia escribía su patronímico o apellido) era Eisleben localizada en la región de Turingia[1].

Hans y Margarita no eran nativos de Eisleben, pero ambos procedían de familias que habían vivido en lugares no muy lejanos de allí. Con seguridad eran nativos de la región de Turingia. Hans procedía de una familia alemana que trabajaba la tierra en las cercanías de un poblado de nombre Mohra. En efecto, Hans era de extracción campesina. Al parecer, Margarita era originaria de Eisenach, en la misma región de Turingia y había nacido dentro del seno de una familia establecida en ese lugar. Varios miembros de su familia se educaron en recintos reconocidos. Algunos de ellos llegaron a ser ciudadanos muy populares de esa ciudad durante la vida adulta de Martín. Por lo tanto, la familia de Margarita impulsó la educación de sus miembros. Es por eso que Martín desde muy temprana edad recibió el decidido apoyo familiar para su formación académica.

Poco después de su matrimonio, Hans y Margarita se trasladaron a Eisleben. Hans empezó a trabajar en las minas de los alrededores. Luego decidió trasladarse con los suyos al pueblo de Mansfeld, lugar donde también comenzaba a florecer la minería. Con el paso de los años, Hans comenzó a prosperar económicamente debido a su dedicación al trabajo. Pero mientras Martín crecía no abundaban los recursos materiales.

Hans y Margarita supieron instilar en Martín y sus otros hijos las primeras enseñanzas para practicar la vida cristiana. Ambos se habían propuesto brindar educación a sus hijos, lo cual indicaba cuánto los amaban y cuidaban. Ambos eran padres estrictos, de modo que cuando los hijos ameritaban castigo no vacilaban en aplicarlo. Hans y Margarita en realidad no eran muy diferentes a los matrimonios de su tiempo en aquella región. Eran devotos pero reflejaban cierta ignorancia de la fe cristiana. Incluso a veces sus prácticas rayaban en la superstición, la cual era muy común en la mentalidad de muchos en aquella época. En su hogar, Martín aprendió acerca de ciertos santos de la iglesia. Al parecer había una santa favorita en su hogar y en la ciudad de Mansfeld, Santa Ana, la supuesta madre de la virgen María, patrona de los mineros en Turingia.

Martín fue enviado a la escuela en Mansfeld, el pueblo donde pasó su infancia. Allí experimentó el sistema educativo de la época medieval. Aprendió los rudimentos del latín, lengua indispensable para introducirse en el *Trivium*, sistema que básicamente consistía en el estudio de la gramática, la lógica y la retórica. La música era otra materia importante. Se hacía mucho énfasis en memorizar pasajes de literatura clásica en latín, y en la mayoría de las escuelas también se dedicaban horas a la recitación en latín de los Salmos y otras porciones bíblicas. La metodología de enseñanza en aquella época era, para nuestro juicio, muy rigurosa y monótona. Por ejemplo, cuando los alumnos no contestaban bien las preguntas que les hacían sus maestros, el educador podía aplicar un castigo corporal, que a veces podía resultar severo.

Mientras que Martín crecía estudiando en Mansfeld, su padre iba prosperando económicamente. Hans Luder simultáneamente se ganaba también el reconocimiento entre sus vecinos. Años después se convirtió en un miembro de la comunidad que tenía acceso al consejo municipal.

El matrimonio Luder contaba con algunos recursos financieros. Quizá al observar la capacidad intelectual de su hijo, lo estimularon a seguir adelante con sus estudios, enviándolo fuera de la ciudad cuando Martín contaba aproximadamente trece o catorce años de edad. Su destino fue Magdeburgo. Acompañado por otro jovencito de Mansfeld, Martín se hospedó en una casa de estudiantes manejada por los Hermanos de la Vida Común, un grupo de religiosos que había tenido sus orígenes en lo que hoy es Holanda. Se los reconoce como activos promotores de la *Devotio moderna* por toda Europa.

Erasmo de Rotterdam, quien llegó a ser quizás el más grande humanista, fue otra persona formada entre los Hermanos de la Vida Común. Es importante señalar que Martín empezó a familiarizarse con la Biblia durante sus estudios en Madgeburgo, probablemente bajo la influencia de los Hermanos de la Vida Común.

La estancia en Magdeburgo duró como un año. En Mansfeld, la familia Luder prosperaba lo suficiente como para disponer de recursos para enviar a su hijo a otra escuela que poseyera más prestigio. Fue así que Martín pasó a estudiar en la escuela San Jorge de la ciudad de Eisenach, donde su madre se había criado. Uno de sus maestros en Eisenach se llamaba Tribonio. Era el director de la escuela, y años después Martín lo recordaría con especial afecto. Durante los tres o cuatro años que estuvo en la escuela de Eisenach, Lutero acrecentó sus conocimientos de latín, de música, de la literatura clásica y de otras disciplinas académicas. Esta escuela terminó de prepararlo adecuadamente para ingresar a la universidad.

Al marcharse de Eisenach en la primavera de 1501, Martín se matriculó en la escuela de artes, o de humanidades como también se le llamaba a la universidad de Erfurt. Tenía entonces cerca de dieciocho años de edad.

La ciudad de Erfurt en aquel entonces era también conocida como "la pequeña Roma" porque había una buena cantidad de campanarios que se destacaban en el horizonte. A su alrededor había cerca de una docena de monasterios. Erfurt también vivía en una atmósfera de relativo progreso. La universidad de Erfurt era para ese entonces la tercera en tamaño en las tierras alemanas, y una de las más antiguas de toda Europa. Seguramente rivalizaba con las mejores universidades europeas, y en ello se destacaba su escuela de artes como una de las de mayor prestigio en toda Europa. Martín fue alumno de maestros de considerable calibre como Jacobo Trutvetter y Bartolomé Arnoldi Von Usingen.

Los maestros en Erfurt se aseguraban de que los alumnos dominaran el *Quadrivium*. Este comprendía la aritmética, la geometría, la astronomía y la música. En cuanto a la formación universitaria de aquella época es importante señalar que los grandes maestros de la Edad Media enseñaban también el pensamiento de Aristóteles, el filósofo griego que había sido alumno de Platón y maestro de Alejandro Magno, el gran militar y conquistador macedonio. En la última etapa de la Edad Media el sistema de enseñanza superior y el pensamiento surgido de él se llama escolasticismo o escolástica.

Aristóteles y su pensamiento, muy especialmente la dialéctica, formaban la columna vertebral de este sistema educativo. El método de enseñanza escolástica inicialmente consistía en comentar junto al escolástico o maestro un texto o escrito. A este comentario del texto lo llamaban *lectio*. Después se impuso el método dialéctico. En éste se introducía una *quaestio* (pregunta o declaración) y se procedía a discutirla, esto es, defender o rebatir su validez usando argumentos razonables tratando de llegar a una evaluación de la *quaestio*. A la discusión se le llamaba *disputatio*.

El pensamiento aristotélico fue adoptado porque se creía que la mente humana al someterse a un proceso racional metódico y lógico era capaz de proveer explicaciones sobre la naturaleza de las cosas y llegar así a obtener un verdadero conocimiento. El famoso teólogo dominico Tomás de Aquino, en el siglo XIII, concentró sus esfuerzos en la disciplina filosófica a fin de reconciliar la fe cristiana con la razón. La obra de Tomás Aquino fue reconciliar al aristotelismo con la teología cristiana y esto vino a ser el modelo y sistema de educación teológica a seguir en Europa. Ya hemos tratado el tema que del escolasticismo surgieron la vía antigua, bajo la cual Tomás de Aquino y Buenaventura son los teólogos más destacados, y la vía moderna, en la cual Escoto, Occam y Biel fueron los más prominentes. De ambas vías surgieron, como ya hemos explicado, el realismo conceptual y el nominalismo. Martín Lutero se identificó con el nominalismo que se enseñaba en Erfurt. El movimiento humanista, como ya hemos notado también ejerció influencia en los maestros universitarios de Lutero.

Lutero siguió el currículo establecido por la universidad en esos tiempos. Los primeros estudios universitarios culminaban con la aplicación de un examen que, de ser aprobado, otorgaba el título de bachiller. En la graduación de Martín Lutero, a fines de 1502, 57 estudiantes recibieron ese título. El grado de bachiller habilitaba a los graduados para enseñar en las escuelas menores. Los estudiantes que así lo deseaban continuaban en el programa de licenciatura y maestría. En enero de 1505, Lutero culminó sus estudios de maestría en artes. La ceremonia contó solamente con 17 graduados. Al obtener el título de maestría, la persona era habilitada para enseñar el *Quadrivium* en las escuelas de artes o humanidades. Si el estudiante quería seguir estudiando tendría que hacerlo en una de estas tres disciplinas: medicina, leyes y la "reina de las ciencias", como llamaban a la teología. Por lo que se sabe, Lutero se inscribió en la escuela de leyes en mayo de 1505. Para estudiar abogacía su padre Hans le compró los textos regulares de leyes, el *Corpus juris*. Probablemente le costó un buen dinero. Pero esto era parte de sus sacrificios. Hans Luder ansiaba que su hijo Martín fuera abogado.

Pero en el corazón de Lutero bullía una tormenta espiritual. Durante esa temporada dos de sus mejores amigos murieron. Muy probablemente este infortunio le hizo pensar seriamente sobre su vida espiritual y su relación con Dios. Luego esta lucha con Dios se exhibiría como un torrencial desbordado en su vida como monje augustino. Se sabe que dos meses despues de emprender sus estudios de leyes anunció a sus mejores amigos que ingresaria al monasterio y asi lo hizo. ¿Cuáles fueron las razones que condujeron a Lutero a este cambio drástico? No creemos que fuera un solo evento u ocasión. Años más tarde él confesaría que un espanto atravesó su alma el 2 de julio del 1505 cuando regresaba a Erfurt de una visita a su casa. Una gran tormenta que se le precipitó cerca de Stotternheim le hizo clamar a Santa Ana, la patrona de los mineros, para que lo resguardara. Prometió en ese llanto de desesperación entrar a la vocación monástica. Pero este hecho o relato es solamente una indicación de su lucha interior por conocer el amor de Dios. Y es esa lucha la razón principal que lo lanza al monasterio agustino.

Martín Lutero abandonó sus estudios de leyes contra la voluntad de su padre y se hizo novicio al entrar al monasterio de la orden de los agustinos eremitas de la ciudad de Erfurt en julio de 1505. Lutero conocía bien a los agustinos de la Congregación de la Observancia. Ese monasterio, conocido vulgarmente como el "monasterio negro", era reconocido por su seriedad académica teológica. El monasterio ocupaba un área de 7.500 metros cuadrados y albergaba una comunidad de por lo menos cincuenta monjes. Era el único monasterio que florecía y crecía en Erfurt durante ese tiempo. Por fin, en uno de los meses siguientes, agosto o septiembre, tomó el habito de monje de acuerdo a las ceremonias establecidas y comenzó su año de noviciado. Durante este año de prueba se encontraba bajo la tutela de Fr. Juan Greffenstein, quien era el maestro de todos los novicios.

Ese primer año fue de retiro, silencio, meditación, rezos litúrgicos, prácticas ascéticas, de mortificación corporal y trabajos domésticos. Pero incluía también vida en comunidad y recreaciones piadosas con sus hermanos monjes. La vida como monje la tomó muy en serio. Trataba de cumplir al pie de la letra todas las demandas impuestas por la iglesia y por sus superiores para complacer a Dios, así como para apaciguar su propia conciencia. Sin duda se consideraba un hombre indigno y pecador, pero al mismo tiempo deseaba intensamente alcanzar el favor, la gracia y el perdón de Dios. Para que los cristianos lograran esto, la iglesia medieval de entonces había elaborado a lo largo de varios siglos el sacramento de la penitencia. Este sacramento, con sus divisiones de contrición, confesión, absolución y satisfacción, formaba parte de la columna vertebral de la doctrina sobre la obtención del perdón de los pecados que la iglesia enseñaba.

Como monje, Martín Lutero no recibió reproches de sus compañeros. En el monasterio fue donde tal vez aprendió su mejor lección monástica: ser paciente y someterse a la voluntad de Dios. Sin embargo, Lutero vivió verdaderas angustias porque nunca estaba satisfecho de haber hecho todo lo indispensable para merecer el perdón de sus pecados. Años después describió sus angustias, sus inseguridades y luchas espirituales vividas en la celda del monasterio, además de sus sentimientos de juzgarse perdido en sus *Anfechtungen* o angustias, ansiedades y agonías.

Se dice mucho sobre la influencia que tuvo Staupitz sobre Lutero, pero poco sobre la que tuvo su maestro Juan Greffenstein. Durante su año de noviciado Fray Juan hizo una gran contribución a la formación del fraile Martín. Lutero siempre lo recordó con verdadera estima. El primer libro que puso Fr. Juan en sus manos fue la Sagrada Escritura. Esta era una Biblia forrada de cuero rojizo. Lutero se entregó por primera vez a la lectura y estudio intensivo de las Sagradas Escrituras. Bajo la tradición agustina aprendió allí el joven fraile a meditar profundamente en los pasajes que más le impresionaban. También aprendió a adentrarse en los pasajes más oscuros antes de entenderlos. Esta práctica la afirmaría el futuro reformador al amar mucho más las Sagradas Escrituras que las sutilezas y especulaciones escolásticas[2]. Su afán y amor por las Sagradas Escritura sobresalía entre todos los monjes.

Los superiores de los agustinos eremitas en Erfurt pronto se dieron cuenta del potencial del joven de 22 años. Uno de esos superiores agustinos fue Juan Staupitz quien le tomó cierta estima y comprensión. No cabe duda que el amor y habilidad que Lutero tenía para la Sagrada Escritura impresionaron a Staupitz. Staupitz era un hombre imbuido de la mejor tradición espiritual medieval alemana de ese tiempo y, además, ya era un doctor en teología especializado en la Biblia. Consideró al joven Lutero como a un pupilo a quien debería guiar en su jornada espiritual y en la vida monástica, llegando incluso a ser su consejero y confesor personal cuando se encontraba en Erfurt. Fue Staupitz quien intentando apaciguar la conciencia inquieta de Lutero lo guió a considerar seriamente la posibilidad de depender aun más de la gracia de Dios.

Uno de tantos puntos que le preocupaban a Lutero era el misterio de la predestinación. Su inquietud era la interrogativa acerca de si él estaba destinado a la eternidad o irremediablemente condenado al infierno. Staupitz lo dirigió a la espiritualidad cristocéntrica de Bernardo y Bonaventura. Le aconsejó a Lutero que no pusiera los ojos en la esencia inescrutable del Dios omnipotente, sino que se dirigiera a una teología iluminada por la cruz redentora de Cristo. Así lo explica Lutero años después en unas de sus Charlas: "Díjome el Dr. Staupitz: 'Si alguno viene con disquisiciones sobre la predestinación, lo mejor es que no piense en ello, sino que empiece por las llagas de Cristo y se imagine a Cristo en su interior, con lo cual desaparecerá el cuidado de la predestinación... Tú piensa en esto: Dios te dio a su Hijo, te dio el bautismo, el sacramento del altar... Cuando así vengo a pensar en los beneficios de Cristo y los repaso detenidamente, entonces la predestinación está asegurada; de lo contrario, todo está perdido' "[3]. En más de una ocasión Lutero hace referencia a cómo Staupitz lo encomienda al Hijo de Dios, que se hizo hombre por nosotros. Le hace ver que Cristo Jesús es el Buen Pastor que toma a sus ovejas en sus manos cuando ellas escuchan su voz[4]. En otras palabras, aunque no usa las categorías que luego Lutero usó, lo insta a tornar su vista del Dios escondido hacia el Dios revelado en la muerte de la cruz. Esto es en realidad lo que más tarde vemos a Lutero hacer en su consideración del tema de la predestinación en su libro *La voluntad determinada*. Hay 1261 casos bajo 257 artículos donde Lutero expresaba esta relación o dialéctica[5]. Creemos también que esta perspectiva cristocéntrica fue un punto hermenéutico clave cuando más tarde consideró la justicia de Dios. El Dios revelado en la cruz, quien es nuestro Buen Pastor, no nos muestra a un juez terrible, sino a un Dios de gran misericordia.

Igualmente Staupitz se percató de que aquel joven de espíritu acongojado podría ser de beneficio para la iglesia si se le encauzaba por el buen camino. De esta manera Staupitz y los dirigentes agustinos empezaron a proporcionarle tareas especiales a Lutero. Éstas consistían en la lectura de libros como el *Canon de la Misa* de Gabriel Biel, que se pensaba lo llevaría a comprender el misterio de esa ceremonia. Lutero estaba así preparándose para ser sacerdote de la iglesia, y como sacerdote tendría que celebrar misas.

Cuando Lutero llegó a ser sacerdote en 1507, invitó a su padre a asistir a la misa de su ordenación. Para su sorpresa, Hans Lutero asistió trayendo consigo una buena comitiva de Mansfeld. Poco tiempo después de su ordenación, los superiores del monasterio le ordenaron a Martín que empezara sus estudios doctorales concentrándose en las Sagradas Escrituras. El próximo año, 1508, se le pidió que enseñara un curso sobre filosofía moral durante el semestre de invierno en la Escuela de Artes de la Universidad de Wittenberg. Así comenzó su relación con esa joven universidad.

Durante este término en Wittenberg, Lutero sustituía a Juan Staupitz en su cátedra y se ocupaba también de ciertas responsabilidades en el claustro de los agustinos en Wittenberg. Sus labores docentes universitarias consistían en enseñar teología moral o ética basándose en textos de Aristóteles y utilizando la metodología escolástica. Lutero retornó a Erfurt en 1509 para continuar con sus estudios doctorales, obteniendo primero los títulos de bachiller en *Biblia* y licenciado o maestro sentenciario, título que lo habilitaba a enseñar el libro *Sentencias* escrito por Pedro Lombardo.

A fines de 1510, debido a una disputa interna surgida dentro de la orden de los agustinos en Alemania, Lutero recibió la encomienda de sus superiores para ir a Roma a tratar sobre esta controversia ante el general de los agustinos y la curia romana. El viaje lo realizó a pie en compañía de otro monje anónimo. Lutero y su acompañante desempeñaron en Roma su encomienda a lo largo de varias semanas. Durante su estancia en Roma, seguramente pudo ver más de cerca el centro burocrático del catolicismo romano con sus virtudes y sus defectos. Asimismo, también se percató de la práctica general de la iglesia a principios del siglo XVI, la cual derivaba de las enseñanzas de la teología medieval. En Roma también se entrevistó con el General de la orden de los agustinos, Egidio de Vitero. Cuando regresaron los monjes a Erfurt, lo hicieron aparentemente sin haber conseguido una resolución completamente satisfactoria en la disputa que los había llevado a Roma. Dadas las circunstancias Lutero tuvo entonces que mudarse al Claustro Negro de la ciudad de Wittenberg. Es desde allí donde comienza y nace su fe evangélica. Es en esa pequeña ciudad y universidad poco conocidas donde nace el espíritu reformador.

---

[1] Sobre la niñez, los años formativos, y carrera universitaria de Lutero véase Schwiebert, 99-136; García-Villoslada, 35-61; James M. Kittelson, *Luther the Reformer: The Story of the Man and His Career* (Minneapolis: Augsburg Publishing House, 1986), 31-51.

[2] García-Villoslada, *Martín Lutero*, I: 85-114, ofrece una narración detenida de la vida de Lutero durante sus primeros años como monje.

[3] García-Villoslada, I:134. Toma la cita de WATr II, 227.

[4] WA 43, 461.

[5] Comp. OML, 4.

5
La influencia de Lutero en la Universidad de Wittenberg, centro de la Reforma

Cuando Lutero regresó a Wittenberg en mayo de 1511, la universidad de la ciudad tenía nueve años de haber sido fundada por Federico el Sabio bajo la dirección de Martín Polich y Juan Stauptiz. Esta universidad y otras universidades alemanas fueron diseñadas de la misma manera que la Universidad de París. Dichas universidades estaban compuestas por un Colegio de Artes y tres escuelas de postgrado: las de teología, leyes, y medicina. La universidad estaba encabezada por un rector, quien era escogido por la facultad principal de cada escuela. Ya hemos dicho que esta universidad enseñaba de acuerdo con la manera tomista y escotista hasta que el nuevo rector Christoph Schuerl, desde el 1507, ofreció la línea ocamista como otra alternativa. Era una pequeña universidad cuando Lutero llegó. Su profesorado no consistía de más de 37 miembros[1].

Staupitz le encomendó a Lutero prepararse como doctor en teología para que él asumiera su cátedra de profesor de las Sagradas Escritura y también asumiera la posición de predicador de la Iglesia del Castillo. Lutero cuenta cómo primeramente rechazó a Staupitz diciéndole que eso sería su muerte. Ya para septiembre del 1511 por fin aceptó la tarea. Staupitz probablemente le había aconsejado al elector Federico el Sabio sufragar los estudios doctorales de Lutero. A cambio de esto, el elector ganaría un profesor para su universidad. Así fue cómo Lutero empezó su relación académica con el elector Federico el Sabio. El título de Doctor en Estudios Bíblicos le fue otorgado en 1512. Para el mes de octubre de ese año, Lutero fue aceptado como profesor de la facultad de teología. A partir de entonces su relación con la Universidad de Wittenberg se prolongó hasta su muerte.

Es imprescindible destacar que durante este período de su vida Lutero siguió siendo un monje dedicado a su claustro. Sus hermanos le tenían gran estima por su espiritualidad, conocimiento y dedicación a su orden. Al mismo tiempo que comienza su vocación como profesor, fue elegido como subprior y dirigente de los estudios del convento. Entre los años 1515-18 sirve como vicario de distrito con jurisdicción sobre once conventos[2]. Esto quiere decir que en sus años formativos como profesor de teología Lutero no vive una vida refugiada en la torre académica, sino que vive en el corazón de la iglesia. Atiende a sus labores pastorales en esos días al tiempo que se preocupa por su vida espiritual. De aquí luego sale su inspiración para escribir sus *Catecismos menor* y *mayor* (1528-29).

Dictó primeros cursos en las Sagradas sobre los Salmos, desde en el otoño del 1513 hasta 1516, y sobre Romanos, comenzando desde la primavera del 1515 al 1516. Ofreció también un curso sobre Génesis, pero no existe manuscrito del mismo. Este período es muy importante para entender su formación como reformador antes de su protesta contra Roma. Es durante este tiempo que se forja su fe evangélica. Es imprescindible conocer su pensamiento durante este período para llegar a ver dónde desemboca su fe evangélica. Es en el contexto de estas clases que vemos también su influencia sobre sus alumnos y cómo gana a los profesores de la universidad a su fe evangélica.

Disertaciones sobre los Salmos

Para Lutero los Salmos y las epístolas de San Pablo eran el alimento espiritual más nutritivo. Su vida fue marcada por el rezo diario de los Salmos. Cuando comenzó sus clases sobre los Salmos no era todavía un experto en la exégesis de las Sagradas Escrituras. No conocía profundamente el hebreo ni el griego, los cuales comenzó a estudiar seriamente ya para el 1514. Lutero usaba en sus clases el texto de la Vulgata, la Biblia latina. Además usaba el *Salterio de cinco pliegues* del humanista francés Lefèvre. Tenía también como recursos para sus glosas, breves explicaciones filológicas y exegéticas, las *Enarrationes in Psalmos* de San Agustín, la obra de Reuchlin y otros. Se puede notar como en su *Dictata super Psalterium* explica los Salmos de acuerdo a los cuatro sentidos medievales usados para interpretar la Biblia. Ellos son: el literal, llamado también histórico o profético fundado en la realidad de Cristo y es considerado el sentido primario de las escrituras, el alegórico, el moral o tropológico, y el anagógico o místico[3]. Se nota que su interpretación evangélica progresa al elevar solamente el sentido literal, especialmente la importancia de la cruz en nuestro entendimiento de las Sagradas Escritura. Esto llega a suceder más a menudo en sus clases sobre Romanos.

¿Es Lutero ya un reformador evangélico en estas clases sobre los salmos? García-Villoslada, siguiendo los comentarios negativos de Denifle y Grissar, denigra estas clases sobre los Salmos. Lo ve todavía católico romano y muy inferior en comparación a otros en sus interpretaciones de los Salmos[4]. James Atkinson ofrece una interpretación más acertada en su obra sobre Lutero. Se puede notar que en varias ocasiones Lutero ofrece sus propias interpretaciones. Las mismas en realidad critican puntos centrales de la iglesia católica[5]. Estos son entre otros el monasticismo como sistema superior de vida cristiana, y la salvación por medio de las obras. Lo que todavía no se ve en Lutero es su doctrina antropológica que pronto asuma en sus clases sobre Romanos. Esta perspectiva es muy importante para su descubrimiento del tema de la salvación sólo en Cristo y sólo por la fe. Veamos algunos ejemplos.

Lutero critica los hechos monásticos comentado sobre el Salmo 4: "Estas cosas (los hechos monásticos) no son señales derivadas del Evangelio. Todas estas demostraciones están vacías de contenido; en ellas no hay nada espiritual o vital. Pero porque a estos hombres (los frailes) les gusta hacer estas cosas, las restablecen y la defienden aunque el Señor desapruebe tales demostraciones"[6].

En el Salmo 28 comenta acerca de la justificación por la fe: "No comprenden que sólo en Cristo serán justificados y no por sus propias obras. Los que buscan ser salvados sin Cristo son los hombres que no entienden la obra de Dios en Cristo... piensan que esas horribles obras suyas son necesarias"[7]. Se puede captar esta misma interpretación en sus comentarios sobre el Salmo 32: "El salmista habla, como lo hizo San Pablo en la Epístola a los Romanos 4, contra todos aquellos que quieren que sus pecados sean perdonados por Cristo en atención a sus propias obras y méritos, e intentan ser justificados por sus propios actos. Según esta doctrina, podría decirse que Cristo ha muerto en vano..."[8]

Algunos han dicho que el descubrimiento de Lutero sobre el significado de la "justificación por la fe" fue repentino, cristalizado en su llamada *Turmerlebnis*—la experiencia en la torre. Ese descubrimiento fue en realidad más gradual. Existen diferentes interpretaciones sobre cuándo Lutero descubrió su interpretación evangelística sobre la justificación en Romanos 1:17. Algunos sitúan ese descubrimiento relativamente tarde, entre 1518-1519. Hay varios factores que se dan por esta conclusión. Primero, se ofrecen como prueba los comentarios del mismo Lutero en su *Prefacio a la edición completa de los escritos en latín* (1545)[9]. Aquí leemos el relato de Lutero que: "Mientras tanto me había dedicado ese año de nuevo a interpretar los Salmos. Tenía la seguridad que durante ese año ya tenía más destreza, ya que había dictado clases en la universidad sobre las Epístolas de Romanos, Gálatas, y Hebreos. Me encontraba cautivado con inmensa pasión en entender a Pablo en la Epístola a los Romanos... Pues ya que hasta entonces no era mi sangre fría en el corazón mi barrera sino esa sola palabra en el capítulo 1 [:17], 'en esto la justicia de Dios se revela.' Odiaba esa palabra 'la justicia de Dios', pues como era la costumbre y uso de todos los maestros, había aprendido a entenderla de una manera filosófica con referencia a esa justicia formal o activa, por la cual Dios es justo y castiga al pecador injusto"[10]. De acuerdo a este relato, se cree que Lutero no llegó a descubrir el significado de la justificación por la fe, como regalo de Dios hasta su segunda serie de clases sobre los Salmos la llamada *Operationes in Psalmos, 1519-21*[11]. Algunos afirman esto, ya que Felipe Melanchthon no llega a Wittenberg hasta el 1518. Creen que Melanchthon con su erudición del griego fue el que ayudó a Lutero a descubrir el significado evangélico de la "justificación" en Romanos 1:17[12]. Quiere decir que estos autores sitúan el descubrimiento de Lutero mucho después de su protesta contra las indulgencias en las *Noventa y cinco tesis*.

El punto de vista tomado aquí es que Lutero llega a conocer profundamente su fe evangélica de la justificación en sus clases sobre Romanos en 1515-1516. Cuatro factores contribuyen a esta posición. Primero encontramos que Lutero usa el método histórico-profético, dejando a un lado los tres otros métodos interpretativos de la Sagrada Escritura. Segundo, aquí reluce una nueva percepción de Lutero sobre el pecado original. Tercero, esta nueva percepción lo lleva a constituir en su pensamiento una antropología íntegra en relación al pecado original. Cuarto, esta posición lo lleva a considerar la justificación por la fe como una justicia extrínseca o extraña que parte de Cristo y no del creyente[13]. Al leer Romanos vemos que ocurre una transición de su fe católica tradicional romana a una fe reformadora evangélica. Quiere decir que el estudio interno de los escritos de Lutero en esta época nos da mejores pistas que su memoria olvidadiza a través del tiempo. Se han descubierto varios problemas con las memorias de Lutero en varias ocasiones, tal memoria no debe tomarse como la última palabra sin corroborarla con sus propios escritos.

Veamos primero el cambio que existe entre las clases sobre los Salmos y Romanos durante este período. Se puede notar ese cambio bajo el uso de la sindéresis [*synteresis*] en la *Dictata* y en *Romanos*. En la *Dictata*, interpreta en el Salmo 42 la sindéresis en relación al pecado original. Su sindéresis es una iluminación o propensidad que tiene el ser humano a las cosas de Dios por su propia razón a pesar del pecado original. Aquí Lutero declara cómo "un deseo" por lo bueno es "algo natural en la naturaleza humana, pues la sindéresis y deseo de hacer el bien se encuentra latente en el ser humano"[14]. Durante estas clases, Lutero sostiene, como Agustín, que el pecado original solamente persiste después del bautismo en nuestra "debilidad en la memoria, ceguedad en el intelecto, y en la desorientación de la voluntad [Salmo 71:1]"[15]. Consecuentemente el pecado original es solamente algo que queda como un producto accesorio. No limita la voluntad en su actuar en relación a Dios. Es muy interesante ver cómo en una glosa al Salmo 118 Lutero defiende el libre albedrío en relación a Dios. Comenta: "Mi alma vive bajo mi propio poder y en la libertad del albedrío. Puedo decidir si voy a ser condenado o salvo, o si voy a reprobar de tu Ley"[16]. Más tarde Lutero niega esto vehementemente en su disputa con Erasmo.

Vemos el cambio crítico para la formación reformadora en Romanos. Al comienzo del curso, Lutero todavía se encuentra favorable a la sindéresis medieval. Se puede discernir esta posición en sus comentarios sobre Romanos 1:20, donde Lutero comenta: "[E]ste entendimiento de la conciencia o sindéresis como lo llaman los teólogos, se halla en todos los hombres y no puede ser obscurecido"[17]. Pero ya en Romanos 3:10 se puede percibir una nueva manera de pensar sobre el pecado original: "[N]ingún ser humano es capaz de poseer por sí mismo una voluntad de esta índole, ya que siempre está inclinado hacia lo malo, hasta tal punto, que sólo la gracia de Dios puede moverlo a hacer lo bueno"[18]. Aquí Lutero se refiere a la voluntad humana que no puede amar a Dios por sí misma. En su *Scholia sobre Romanos* 4:7 Lutero rechaza la calidad humana de la sindéresis: "Por lo tanto jamás puede haber en nosotros un amor a Dios, a menos que la gracia divina comience a implantarlo"[19]. No cabe después del hecho del pecado original una manera razonable y adecuada de amar a Dios. Así rechaza la sindéresis. Aquí señala Lutero que el amor de Dios llega como imputación, como regalo, y no es algo que exista en nosotros. Ésta es la clave para entender la justicia de Dios y amor de Dios en la teología de Lutero. Así leemos claramente en su *Comentario sobre Romanos* 8:3: "Esta encorvadura es ahora algo inherente a nuestra naturaleza, un defecto natural, un mal natural. Por esto, el ser humano no puede esperar ayuda alguna de sus facultades naturales, sino que necesita una ayuda más poderosa desde afuera"[20]. Lutero usa la frase *incurvatus in se*, encorvadura sobre sí mismo, para destacar la condición humana de tomarse a sí mismo sobre Dios. Esta posición idólatra es para Lutero como el centro de nuestra condición de pecado original.

Esto nos lleva a considerar la antropología íntegra de Lutero en Romanos. Lutero argumenta que la "carne," (*caro*) y "espíritu" (*spiritus*) no son las facultades menores y mayores del ser humano. Son más bien una descripción de diferentes aspectos de toda la persona. Esto es evidente en sus comentarios sobre Romanos 7:18. Aquí la "carne" es la realidad completa de la condición humana, del llamado "*totus homo*" por Lutero[21]. En este estado el ser humano se relaciona solamente consigo mismo (*incurvatus in se*). "Espíritu" es nuestra realidad ante Dios, nuestra relación ante Dios, *coram Deo*, y no es el estado de nuestra "alma". Los comentarios de Lutero sobre Romanos 5:10 demuestran claramente esta antropología íntegra. En esta explicación la "carne" es nuestro pecado, nuestro rechazo de Dios, mientras el "espíritu" es nuestra relación ante Dios. Esta relación solo es nuestra bajo la "Palabra de Dios"[22]. Lutero no hace referencia aquí a categorías ónticas, o substantivas. Son en realidad categorías relacionales que señalan nuestra situación ante Dios. Este punto es esencial para comprender la postura radical de Lutero sobre el pecado original. Tal entendimiento no es posible en el pensamiento de Agustín.

Cuando Agustín se refiere a la "carne" y el "espíritu" los concibe como categorías sustantivas. Para Agustín el "espíritu" es una facultad mayor que motiva a la humanidad a metas más dignas que las de la carne. Esto es contrario a la antropología íntegra de Lutero. El ser humano en su calidad de ser humano se encuentra completamente en contra de Dios. Esto se percibe claramente al contestar Lutero a la pregunta: "¿Qué es, entonces, el pecado original?" en su explicación de Romanos 5:12: "[C]onforme a las palabras del apóstol en cambio, y conforme a la sencilla interpretación en el sentido de Cristo Jesús, el pecado original es no sólo la ausencia de una cualidad en la voluntad, ni mucho menos una mera ausencia de la luz en el entendimiento, o de la fuerza en la memoria, sino es la ausencia absoluta de toda rectitud y potencia de todas las facultades tanto del cuerpo como del alma y del ser humano entero, interior y exterior. Y además es una inclinación a lo malo, la repugnancia por lo bueno..."[23].

Existen entonces dos puntos de partida diferentes en Agustín y Lutero para sus antropologías. Para Agustín su meta es la de restaurar al ser humano en su condición de ser en sus dos facultades. Para Lutero es vivir el ser íntegro en una debida relación con Dios por medio de la fe. Agustín busca la restauración del individuo en sus facultades, y Lutero busca una nueva relación de vida en Cristo[24].

Si no se entiende a Lutero con respecto al pecado original en este periodo de su vida, no se puede entender cómo él llega a su enseñanza sobre la justificación por la fe. Esto lo entiende muy bien García-Villoslada. La visión de Lutero sobre el pecado original es la clave para entender la justificación por la fe en su teología. La misma, como observa correctamente García-Villoslada se basa en que: "El pecado original y la concupiscencia formalmente pecaminosa persisten en el alma después del bautismo, todo hombre, aun el más santo externamente, sigue siendo real e intrínsicamente pecador (*iustus et peccator*). Toda la actividad humana está radicalmente viciada. Basta que tenga fe para que la fealdad del alma pecadora aparezca ante los ojos de Dios como cubierta con la hermosura de la justicia de Dios"[25]. Por lo tanto, acertadamente reconoce García-Villoslada que la justificación llega a ser en Lutero "imputativa, extrínseca, foránea"[26]. Hay que hacer una advertencia en este comentario. García-Villoslada declara que esta justificación proclamada por Lutero es "meramente imputativa". No creo que sea así. Este tema pertenece a otro capítulo. Pero Lutero sí afirma una justicia foránea y extrínseca a la persona que es solamente nuestra por medio de nuestra relación de fe. Así la entiende en su *Comentario sobre Romanos*. Éste es un punto clave que conmueve a la facultad de Wittenberg y gana popularidad también para Lutero entre sus alumnos. Tomemos un ejemplo de esta justificación en su *Comentario sobre Romanos*.

Lutero define la justicia de Dios para el pecador en sus observaciones sobre Romanos 4:7: "La Escritura usa los términos 'justicia' e 'injusticia' con un significado muy distinto del que les dan los filósofos y los juristas. Es obvio; porque ellos las consideran una cualidad del alma. Pero la justicia como la entiende la Escritura depende más de la imputación de Dios que del estado real del ser humano. Pues esta 'justicia' la posee no el que tiene solamente una cualidad, máxime si tenemos en cuenta que el hombre es un ser totalmente pecador e injusto, sino aquel a quien Dios en su misericordia considera justo y quiso tener por justo por el hecho de que ese hombre confiesa su injusticia y pide a Dios que le otorgue justicia. Así es que todos nacemos en iniquidad, quiere decir, en injusticia, y en ella morimos. Lo que nos hace justos es sólo la imputación de Dios que se apiada de nosotros, y la fe en su palabra"[27]. Se ve aquí que Lutero entiende la justificación como un regalo que se encuentra fuera de nosotros, es foráneo, y que sólo es nuestro en una relación de fe. Tenemos que aclarar aquí, que la base de esta justificación no es una renovación interna de la fe, como parece afirmar Agustín. Es una justificación gratuita, extrínseca, por la fe que nace de la palabra de Dios. Lutero se aparta de Agustín en su visión del pecado original y de la justificación. Muchos monjes conocedores de Agustín, como su fiel amigo

Staupitz, continuaron caminando con Agustín y se apartaron de Lutero. Esto hay que tenerlo presente también para entender las grandes diferencias que Lutero tuvo y mantuvo con algunos de sus discípulos a través de su carrera reformadora. Algunos prefirieron Agustín antes que a Lutero.

Entre los primeros profesores que Lutero ganó a su causa se encuentra Juan Lang, quien ayudó a Lutero a profundizar en el griego. Georg Spalatin (1484-1545) que aunque no era teólogo servía como consejero de Federico el Sabio, se llenó de admiración hacia Lutero y su causa durante este período.

En esa facultad como en todas las universidades de la época, Wittenberg representaba una tradición profundamente escolástica. Ocho profesores enseñaban en esa época de acuerdo a la vía antigua. Cuatro seguían el camino interpretativo de Tomás de Aquino y cuatro el de Duns Scoto. Al regresar Trutvetter a Erfurt, la vía moderna quedó sin representación formal en la universidad. Como figura principal de los tomistas se encuentra otra figura importante de la Reforma, Andrés Bodenstein, mejor conocido como Carlstadt, (1480-1541). Era el profesor más destacado antes de llegar a Lutero a la universidad.

Lo que más llevó al cambio de la facultad fue la defensa de las tesis de los alumnos de Lutero en contra del escolasticismo bajo las disputaciones públicas que eran requeridas para otorgar el grado de Maestro Sentenciario. Es notable en particular la disputación de Bartolomé Bernardi, el 25 de septiembre del 1516. Los profesores Carlstadt y Lupinus tomaron el bando de la oposición; y Lutero, quien presidía sobre la tarea académica, apoyaba a su candidato. Amsdorf tomó parte también como opositor en ese debate. Bernardi había sido educado y adiestrado eficazmente por Lutero sobre la visión bíblica del pecado y la gracia. El debate hizo gran impacto en la facultad. Lupinus fue ganado a la causa del evangelio. Le tomó un tiempo a Carlstadt, después de adquirir una nueva edición de las obras de Agustín en Leipzig, para llegar a la conclusión que su querida vía antigua había representado mal la teología de Agustín. Es muy interesante que Carlstadt en abril del 1517, seis meses antes que Lutero, plantó 151 tesis sobre la gracia en la misma puerta de la Iglesia del Castillo. Esto marca su apoyo con el resto de la facultad a la teología de Lutero.

En otra disputación por otros de los alumnos de Lutero, Francis Gunther, el 4 de septiembre del 1517, gana especialmente a Nicolás von Amsdorf (1483-1565) a la causa evangélica. Este se transformó en un ardiente predicador del evangelio. Avanzaba cuando podía la causa evangélica. Amsdorf acompañó a Lutero a la Dieta de Worms, y se encontraba con él cuando Lutero fue secuestrado y llevado a Wartburg para su protección después de la Dieta[28]. Ya más tarde llegan a Wittenberg otras figuras sobresalientes en la Reforma. Entre los mas reconocidos tenemos a Felipe Melanchthon (1497-1560) quien llega ser la mano derecha de Lutero en asuntos confesionales. En agosto de 1518 llegó a la universidad de Wittenberg porque su tío abuelo lo recomendó al elector Federico el Sabio para su universidad. Otra persona allegada a Lutero fue Juan Bugenhagen (1484-1558), quien sirvió como pastor de Lutero en Wittenberg. En 1520, después de leer el documento de Lutero, *La cautividad babilónica de la iglesia*, fue ganado para el movimiento de la Reforma. En el año de 1521 se trasladó a Wittenberg, donde empezó a enseñar en la universidad y a predicar. Pero estos últimos llegaron después que la llama ardía del mensaje de pura gracia bajo la fe en Cristo como medio de salvación. Esta era la llama apasionada que Lutero ofrecía y que esa facultad apoyaba dada la situación de las indulgencias en su ciudad y país. Esta es la llama que lo impulsa a escribir las *Noventa y cinco tesis* en contra del sistema penitencial en la Iglesia Católica Romana. Y como ya hemos visto el tiempo era propicio para que la llama condujera a una grande explosión.

---

[1] Schwiebert, *Luther and his Times*.256-257.
[2] García-Villoslada, I:201-03.
[3] García-Villoslada,, I: 185-7; McGrath, *Luther's Theology of the Cross*, 76-82.
[4] García-Villoslada, I: 188-90.
[5] James Atkinson, *Lutero y el nacimiento del protestantismo* (Madrid: Alianza Editorial, 1980), 99-102.
[6] Atkinson, *Lutero*, 102. Tomado de WA 3, 61f.
[7] Atkinson, *Lutero*, 102. Tomado de WA 3, 155, 17ff.
[8] Atkinson, 102, Tomado de WA 3, 172, 30ff.
[9] LW 34, 336-38.
[10] LW 34, 335. Traducido por ALG del texto en inglés.
[11] Véase el estudio clásico sobre estos argumentos en Urras Saarnivara, *Luther discovers the Gospel: New Light upon Luther' Way from Medieval Catholicism to Evangelical Faith* (Saint Louis: Concordia Publishing House, 1951; Comparen

Daniel Oliver, *Luther's Faith* (Saint Louis: Concordia Publishing House,1981).

[12] Lowell C. Green, *How Melanchthon Helped Luther Discover the Gospel* (Fallbrook, CA: Verdict Publications, 1980).

[13] Comp. Alberto Lázaro García, *Theology of the Cross: A Critical Study of Leonardo Boff's and Jon Sobrino's Theology of the Cross in Light of Luther's Theology of the Cross as Interpreted by Contemporary Luther Scholars* (Chicago: Lutheran School of Theology, 1987), 239-49. Tesis Doctoral.

[14] WA 3, 328; LW 10, 197. Traducido por ALG del latín e inglés.

[15] WA 3, 453, 1-5; LW 11, 453. Traducido por ALG.

[16] WA 4, 295, 34-37. Traducido del texto en latín por ALG. Enfatiza Lutero, "Anima mea est in potestate mea et libertate arbitrio, possum eam perdere vel salvare eligendo vel reprobando legem tuam."

[17] OML, 10, 49; WA 56, 177. La misma versión de Romanos aparece en CML, 1.

[18] OML, 10, 125; WA 56, 237.

[19] OML, 10, 171; WA 56, 275.

[20] OML 10, 266; WA 56, 356. La traducción de la cita en OML ha sido adaptada. Se usa en vez de "hombre," "ser humano." Así se hará también en las próximas citas.

[21] OML 10, 262-63; WA 56, 354-55.

[22] OML 10, 229-30; WA 56, 326

[23] OML 10, 212; WA 56, 312, 6-10.

[24] Comp. Victorio Capanaga, *Agustín de Hipona* (Madrid: BAC Maior, 1974), 227-30. Como ilustra Capanaga la lucha entre la "carne y espíritu" en la teología de Agustín desemboca en sanar la relación entre la facultad inferior de la carne y la más propia del espíritu. La meta de Agustín desemboca en la persona y su restauración como criatura de acuerdo al pasado. Para Lutero desemboca en una relación entre Dios y la humanidad, que continúa hacia el futuro en nueva vida.

[25] García-Villoslada, I:360. Comp. Jean Delumeau, *Naissance et Affirmation de la Réforme* (Paris: Presses Universitaires de France, 1965), 80-81. Aquí Delumeau encuentra evidencia textual en Romanos para este entendimiento de Lutero sobre el pecado original como base fundamental para entender a Lutero sobre la justificación foránea.

[26] García-Villoslada, I:360.

[27] OML 10, 183; WA 56, 288.

[28] G. Schwiebert, *Luther and his Times*, 295-300, narra muy detenidamente sobre como fueron ganados varios profesores a la causa de la Reforma.

6
La controversia arrecia

Primeras reacciones contra las *Noventa y cinco tesis*

James Atkinson bautiza el período de 1517-1521 como "los años de gran prueba" en la vida de Lutero. Éstos son los años en que Lutero es confrontado por personajes perseverantes como Juan Eck y el cardenal Cayetano. Es el período también en que Lutero se opone bajo su nueva visión de la teología de la cruz a sus hermanos agustinos y se aparta finalmente de sus viejos maestros. Éste es el momento en que la controversia con la Iglesia Católica Romana arrecia[1]. Clave en esta disputa es el lugar que ocupa el evangelio, las buenas nuevas de salvación en Cristo Jesús en la iglesia. Así clama Lutero en su ponencia sobre la Tesis 62 en sus *Noventa y cinco tesis*: "El verdadero tesoro de la iglesia es el sacrosanto evangelio de la gloria y de la gracia de Dios"[2].

Desde hacía tiempo las indulgencias se habían convertido en un tema delicado y complejo en la vida y práctica de la iglesia medieval. Con el tiempo, la controversia que se desató también se convirtió en uno de los primeros pasos hacia una consideración seria para reformar la iglesia. Martín Lutero se involucró en dicha controversia sin haberse detenido a ponderar completamente las consecuencias. Por ejemplo, una de estas consecuencias fue el papel asignado por la iglesia al Papa en relación con las indulgencias.

La controversia sobre las indulgencias se originó el 31 de octubre de 1517 cuando Lutero convocó a una discusión académica cuyo tema central serían las indulgencias. La convocatoria fue anunciada en el lugar común de aquel entonces: la puerta de la iglesia del castillo de Wittenberg. Como profesor de teología, Lutero había escrito en latín sus *Noventa y cinco tesis* y proponía que tal documento sirviera de guía para el diálogo entre académicos[3].

Debido a que las indulgencias específicas que lo habían perturbado habían recibido la aprobación del Arzobispo de Maguncia, Lutero procedió a mandarle una carta personal a la cual anexó una copia de las *Noventa y cinco tesis*. Lutero hizo lo mismo con el Obispo de Brandenburgo, al cual los párrocos de Wittenberg respondían por estar en su jurisdicción eclesiástica. Sin duda, Lutero tuvo que seguir este protocolo porque las costumbres y tradición de la época así lo dictaban.

El arzobispo de Maguncia en aquel tiempo era Alberto, miembro de la poderosa familia Hohenzollern. El arzobispado de Maguncia era en esa época el más extenso en el imperio por lo que el puesto de arzobispo era de enorme poder y prestigio. Adicionalmente la persona que lo ocupara no sólo era un destacado príncipe de la iglesia sino también se convertía en uno de los electores del emperador. Alberto había sido declarado por el Papa León X arzobispo de Maguncia en 1514. Como concesión especial, el Papa a su vez había autorizado que la recaudación de dinero por la próxima venta de indulgencias plenarias sería repartida entre el arzobispo Alberto y el Papa mismo. Para el Papa la venta de la indulgencia representaba un respetable ingreso económico con el cual seguiría edificando la basílica de San Pedro en Roma.

Las indulgencias plenarias fueron emitidas hacia fines de marzo de 1515. Se aplicaban a todos los pecados. Los sacerdotes estaban obligados a conceder la absolución de los pecados inmediatamente después de la confesión. Sólo ciertos pecados estaban reservados para ser remitidos directamente por el Papa. Como se puede notar, las indulgencias estaban íntimamente conectadas al sacramento de la confesión o penitencia.

En las instrucciones dadas por escrito a los promotores para la venta al pueblo alemán, las indulgencias se extralimitaban en su poder y alcance. Deliberadamente fueron diseñadas así por los asistentes del arzobispo Alberto, contando con su conocimiento. En ellas se instruía a los promotores a enfatizar cuatro gracias ofrecidas por el Papa.

La primera gracia era que la indulgencia plenaria se aplicaba a quienes ya habían fallecido y se encontraban en el purgatorio. La segunda gracia era que los pecadores vivos podían recibir la absolución de su confesor por absolutamente todos los pecados graves que hubieran cometido. La tercera gracia era que una indulgencia permitía a los familiares muertos participar en las oraciones, misas, ayunos, peregrinaciones, etc., de quienes las compraban. La cuarta gracia era que se les perdonaba la penitencia satisfactoria por los pecados a las almas en el purgatorio a causa de la intercesión que el Papa garantizaba realizar cuando se pagara la indulgencia.

Es muy posible que al Papa no se le informara de los abusos en Maguncia. La persona que fue comisionada para que predicara y vendiera la indulgencia plenaria en los linderos de la Sajonia Electoral fue Juan Tetzel, un monje dominico del monasterio de San Pablo en Leipzig. Tetzel en su afán de hacer más atractiva a la indulgencia plenaria le atribuyó aun más beneficios durante su presentación al pueblo. En todos los lugares a donde iba Tetzel, sin ambages proclamaba: *"Roma ha llegado aquí"*. Tetzel era un hombre experimentado en la venta de indulgencias, que se habían convertido en su especialidad desde 1504. Hacia 1517 su orgullo como vendedor de indulgencias había aumentado considerablemente. Un contemporáneo suyo informó haber escuchado varios de sus discursos. En ellos, Tetzel se jactaba de que él había salvado más almas vendiendo indulgencias que el mismo San Pedro predicando el evangelio.

Antes de la hora de la venta de las indulgencias montaba un espectáculo parecido al desfile promocional que suelen realizar ciertos circos cuando visitan nuestras comunidades. Tetzel iba acompañado por varios asistentes bien entrenados. Generalmente su discurso giraba alrededor de tres temas: el infierno, el purgatorio y el cielo. Él llevaba su elocuente discurso al punto emotivo en que preparaba el deseo entre su auditorio de comprar los beneficios de las indulgencias. El problema más grande que Lutero atinadamente observó fue que también la misma gente ingenuamente pensaba que se salvaría al obtener la indulgencia. La gente fácilmente tendía a ignorar que las indulgencias tan sólo eliminaban el castigo temporal y las obras de satisfacción en la penitencia. En verdad Tetzel era un hombre exitoso en su tarea pues en el mar de miseria y desesperación que sembraba, la gente le compraba su producto.

Lutero se percató de la venta de indulgencias que hacía Tetzel a principios de 1517. Durante la Semana Santa de ese año supo que Tetzel se encontraba en las cercanías de Wittenberg. Algunas personas le enseñaron ejemplares de las indulgencias plenarias que habían adquirido traspasando el territorio de la Sajonia Electoral. Lutero tomó la drástica medida de retener la absolución de los pecados a aquellas mismas personas, y les negó el sacramento de la comunión hasta confirmar que en verdad estaban arrepentidas y en vía de corregir su manera de vivir. Algunas de esas personas acudieron de nuevo a Tetzel para pedirle una explicación. Así fue que Tetzel probablemente escuchó por primera vez el nombre del párroco y monje de Wittenberg que se atrevía a desafiar la validez de las indulgencias.

Cuando Lutero se decidió a escribir las *Noventa y cinco tesis* ya estaba listo para mantener un serio diálogo sobre la enseñanza y práctica de las indulgencias en la iglesia. Cuando se difundió más ampliamente el documento de las *Noventa y cinco tesis* a fines de ese año, las ventas de las indulgencias al parecer sufrieron una baja. Tetzel, quien se sintió atacado por Lutero, fue uno de los primeros en condenar tanto al documento como los argumentos de Lutero. Tetzel comentó abiertamente que acabaría con el nuevo hereje en un lapso de tres semanas. Sin embargo, Lutero para ese entonces ya era un doctor en teología, y empezaba a ganar reputación como el mejor teólogo de la Universidad de Wittenberg. Poco después, dándose cuenta la orden de los dominicos de la desigualdad académica entre los dos, le concedió a Tetzel un doctorado en teología. Entonces Tetzel, contando con el apoyo de los dominicos en Alemania, contraatacó a Lutero acusándolo ante Roma de enseñar nuevas doctrinas y de ser un hereje seguidor de Wycliff y Hus. Es menester recordar que en aquel entonces los dominicos eran muy influyentes dentro de la curia romana.

Pero cuando la acusación de herejía lanzada por Tetzel contra Lutero llegó a Roma, el Papa y la curia habían sido informados por Alberto, el arzobispo de Maguncia, sobre el potencial peligro de los argumentos de Lutero. El Papa y la curia romana reaccionaron tratando de someter a Lutero a través de los votos monásticos de obediencia. Para ejecutar esta medida, los superiores de los agustinos fueron exhortados a ordenarle a Lutero que mantuviera silencio sobre el tema de las indulgencias. Tetzel poco después no pudo mantenerse a la altura de las circunstancias. Un verdadero torbellino se había desatado alrededor de la controversia.

En el curso de la controversia hacia la primavera de 1518, un opositor de mayor calibre apareció en escena. Se trataba de Juan Maier, mejor conocido como Juan Eck, (1486-1543), doctor en teología y profesor de la Universidad de Inglostadt.

Eck y Lutero se habían conocido previamente y cultivaron cierta amistad como colegas. Sin embargo, desde que Eck tuvo en sus manos las *Noventa y cinco tesis* de Lutero, empezó a forjar el contraataque en defensa de la autoridad del Papa. Su plan lo empezó a ejecutar en secreto al escribir un documento que intituló *Los obeliscos* y que difundió solamente entre sus amigos. En él, Eck enumeraba una serie de críticas a las tesis de Lutero y lo consideraba simpatizante de Hus, aunque no llegaba a catalogarlo como un hereje. Eck en este documento mostró ser un contrincante astuto pero viciosamente ventajoso. Lamentablemente esta característica de su personalidad prevaleció en su trato con Lutero y sus seguidores a lo largo de su vida. En *Los obeliscos* agregó innecesariamente ataques personales contra Lutero.

Cuando Lutero se percató de los escritos de Tetzel y de Eck, y de la intención ambiciosamente mezquina de Eck, se propuso poner fin a esta disputa al escribir un documento que llamó *Los asteriscos*. En este escrito Lutero exhibió a Eck como una persona presuntuosa e ignorante de los argumentos bíblicos expuestos en las *Noventa y cinco tesis*.

La disputación de Heilderberg

Uno de los puntos definitivos de la teología de Martín Lutero durante estos primeros años de prueba fue su asistencia al capítulo trienal de su orden justo después de Semana Santa, el 11 de abril de 1518. Este fue convocado por Staupitz para que tuviera lugar en Heilderberg. Fue acompañado por Fray Leonardo Beier. Lutero fue el que dirigió esta disputa amistosa donde los frailes tenían como costumbre discutir temas teológicos que eran importantes en su vida pastoral. Esta convocación era como una conferencia pastoral que tienen muchas iglesias de hoy en día. Esta reunión fue un triunfo para Lutero. Alcanzó en cierta manera una cima teológica desde donde pudo expresar los puntos claves para la reforma evangélica bajo sus tesis presentadas en este debate. Ellas en realidad son más importantes que las *Noventa y cinco tesis* para entender el fundamento teológico de Lutero, quien vio en el debate una gran victoria para el reconocimiento de su teología reformadora. Como comentó Lutero después de la misma: "Fui a pie y volví en carro". Eso fue en realidad lo que hizo[4]. Pero aquí se refiere al resultado del debate.

La *Disputación de Heilderberg* (1518) contiene cuarenta tesis. Veintiocho van dirigidas a la teología escolástica y doce a la filosofía de Aristóteles[5]. En estas tesis encontramos los temas principales de la Reforma. En ellas vemos a Lutero articular su nueva teología con la cual estaría equipado para ofrecer un plan de reforma para la Iglesia. Estos son los temas más importantes: la justicia de Dios y del ser humano, la Ley en relación al evangelio, el pecado y la gracia, el libre albedrío y la fe, la justificación por la obras y la justificación por Cristo, y la incapacidad del ser humano de poder llegar a Dios por sus propias obras.

Dos principios importantísimos sobresalen en la manera en que Lutero practica el arte teológico en estas tesis. Éstos son la teología de la cruz y la teología de la gloria, que se discuten especialmente en las tesis 19 a la 21. Aquí se ve lo que es distinto y significativo en la teología de Lucero, su teología de la cruz. Lutero descubre en el mensaje de las Sagradas Escrituras que Dios en su verdadero ser se revela a nosotros "a la luz de la pasión [de Cristo] y de la cruz" [tesis 20][6]. No podemos llegar a conocer el verdadero amor y ser de Dios a la luz de las cosas visibles de la creación ni por la razón humana. Así critica Lutero el escolasticismo de Aristóteles. No es que Lutero esté en contra del uso de la razón en el arte teológico. La razón humana, no obstante, es un instrumento de servicio y no el maestro en las cosas relacionadas con Dios. La razón solamente nos puede llevar a conocer a un Dios temible, al Dios escondido, y no al Dios dulcemente revelado para nosotros bajo la cruz. Para Lutero también la teología no es algo abstracto sino de acción y praxis. Esto es parte del tema de su teología de la cruz, pues él no habla de teología sino de *teólogos de la cruz*. Este punto de partida es fundamental y clave en la teología y vida de Lucero.

Se puede percibir mucho sobre la presentación de Lutero en Heilderberg por el entusiasmo que demostró por ella el joven Martín Bucero (1491-1551). Este brillante humanista dominico quedó muy impresionado por el conocimiento que tenía Lutero de Jerónimo, Agustín y otros padres. Le encantó también la manera en que Lutero manejó las diferente dimensiones paradójicas en el debate. Para él fueron audaces y dejaron a los otros mudos. Principalmente le impresionó a Bucero, como le escribe a Rheanus de Basel ese mismo día, "sus respuestas tan sabias y tomadas de la Sagrada Escritura" que "convirtieron fácilmente a sus oyentes en sus admiradores"[7]. Este evento marca la ruptura de Lutero con sus viejos maestros de Erfurt, ya que todos ellos se volvieron hostiles a su teología.

Lutero trató de mantener la disputa al nivel de una conversación entre teólogos, pero se daba cuenta de que los ataques a su persona y a su teología estaban llevando las cosas a tomar un giro político. Lutero se vio obligado a estudiar más y más las indulgencias y todo lo que ellas implicaban como, por ejemplo, la autoridad del Papa romano en la iglesia. A medida que investigaba iba descubriendo que su posición quedaba confirmada primero en la Biblia, y segundo en la enseñanza de los padres de la iglesia, mientras que la posición de sus contrincantes, en su opinión, iba erosionándose más y más. Para agosto de 1518, Lutero publicó *Las explicaciones sobre las noventa y cinco tesis*, un valioso documento en el cual clarificaba su postura teológica.

Lutero comparece ante Cayetano en Augsburgo

Mientras tanto en Roma el Papa se vio en la necesidad de poner más atención al caso de Lutero. Comisionó a Silvestre Preiras para refutar la teología de Lutero y de paso reforzar los principios de la primacía del Papa y la validez de las indulgencias. En ese tiempo el Papa y la curia planeaban obligar a Lutero a acudir personalmente a Roma para enfrentar los cargos de cismático y hereje que ya varios teólogos dominicos y facultades de teología universitarias le habían imputado. Fue durante este periodo crítico que su amigo Spalatin le ofreció una eficaz asesoría diplomática para negociar con Roma. El elector Federico el Sabio estuvo bien informado por Spalatin, su secretario personal, quien lo mantenía al tanto del estado de la controversia en la que su profesor estaba participando. Sin duda Spalatin influyó en la actitud y diplomacia de Federico el Sabio. Éste a su vez se comprometió a defender a Lutero hasta donde la diplomacia se lo permitiera[8].

Como parte de la protección que Federico el Sabio se sentía obligado de proveer a Lutero, no permitió que el monje agustino viajara a Roma para comparecer ante los tribunales eclesiásticos –medida que varias autoridades eclesiásticas ya le habían solicitado. Sabía que si lo dejaba ir, era muy probable que lo estuviera entregando a una muerte segura. Federico el Sabio deseaba que Lutero tuviera un juicio imparcial. Se vivían los tiempos en que Federico el Sabio gozaba de respecto como elector y era indudablemente candidato al trono imperial una vez que el emperador Maximiliano muriera.

Ante las demandas de Federico el Sabio y la inminente dieta imperial a celebrarse en Augsburgo, el Papa y la curia romana decidieron enviar al cardenal Cayetano en calidad de legado papal. Cayetano era dominico, y de hecho era el general de toda la orden. Además entre sus credenciales se destacaba porque era un reconocido experto teólogo tomista. Una de las encomiendas de Cayetano fue que se entrevistara en privado con Lutero y le llevase a declarar que se retractaba del ataque que había hecho a la autoridad papal en sus escritos, ataque que la curia romana consideraba altamente nocivo. En caso de que Lutero no se retractase, Cayetano había sido instruido para apresarlo y llevarlo a Roma para su enjuiciamiento. Federico el Sabio finalmente consintió en que Lutero viajara a Ausburgo para entrevistarse personalmente con Cayetano. A su vez Lutero acudió a Augsburgo pensando que habrían de escuchar sus argumentos bíblicos. El resultado de las tres entrevistas que Lutero y el cardenal Cayetano tuvieron, las cuales por cierto tuvieron momentos difíciles, fue la negación de Lutero a retractarse sin previa indicación de sus errores a la luz de textos bíblicos claros. Además argumentó correctamente que la iglesia aún no se había pronunciado oficialmente en torno a la enseñanza sobre las indulgencias.

Sin embargo ahora el futuro de Lutero en Wittenberg se había vuelto incierto. Parecía que el siguiente paso sería el exilio, por lo que Lutero empezó a hacer los preparativos para abandonar la ciudad. No deseaba exponer innecesariamente a Federico el Sabio a una situación perjudicial. A su vez no deseaba causar mayores problemas a los estudiantes y profesores de la Universidad de Wittenberg ni a sus colegas monjes del monasterio agustino de aquella ciudad. Todos ellos ya habían sido expuestos a presiones por la sospecha de apoyar la causa de Lutero. Además Cayetano no demoró en solicitar por carta a Federico el Sabio que cesara de proteger a

Lutero y lo enviara a Roma. Haciendo uso de todas sus habilidades diplomáticas, Federico le contestó que Lutero aún no había sido declarado culpable de herejía por el Papa o por un tribunal alemán. Opinaba que cuando un juicio en Alemania lo condenara, lo enviaría a Roma. Mientras tal cosa no ocurriera, Lutero podría permanecer en Wittenberg cumpliendo con sus responsabilidades.

Pocas semanas después, Lutero tomó la medida de apelar a un concilio general de la iglesia. Con esta apelación, Lutero argumentaba abiertamente que un concilio general de la iglesia era superior a un Papa en sus decisiones, siempre y cuando el concilio aprobara sus decretos fundamentándose en la Biblia y sin contradecirla.

Mientras tanto, la curia romana, siguiendo el consejo de Cayetano para que se pronunciara oficialmente sobre las indulgencias emitió el decreto *Cum postquam* el 9 de noviembre. Si Lutero no se sometía a lo dispuesto en este decreto papal sobre el papel de las indulgencias, se procedería a su excomunión.

El decreto *Cum postquam* se emitió en los albores de una nueva coyuntura política en el Imperio. Se sabía que el emperador Maximiliano estaba moribundo y que había puesto a andar la maquinaria para elegir como nuevo emperador a su nieto Carlos I de España. Ante esta nueva situación, el Papa y la curia romana, que se oponían a la política de Maximiliano, tendrían que actuar sagazmente si querían lograr sus propósitos en el Imperio. Uno de sus planes era favorecer a Federico el Sabio para que fuera el próximo emperador. Teniendo esto en mente, el Papa y la curia pensaron que Carlos Miltitz (1490-1529), sajón de nacimiento, les sería útil como el próximo negociador con el elector.

Miltitz finalmente se entrevistó con Lutero a principios de 1519 en Altenburg. Durante su entrevista le confió a Lutero que Roma estaba disgustada con los abusos motivados por la ambición desmedida que el Arzobispo de Maguncia y Tetzel habían dado a las indulgencias. Sin embargo también le hizo saber que el problema consistía en el ataque que Lutero había montado contra la autoridad del Papa. Las negociaciones incluyeron dos acuerdos. El primero fue que Lutero escribiría una carta donde se disculparía ante el Papa. También Lutero prometió esta vez dejar de escribir siempre y cuando sus detractores también dejaran de hacerlo. Y el segundo acuerdo fue que un comité especial habría de establecerse para tratar los asuntos teológicos que Lutero había tocado.

En una cena final auspiciada por Miltitz, éste le pidió a Lutero que se retractara. En buena conciencia, Lutero no podía retractarse de lo que consideraba verdades bíblicas, las cuales el reciente decreto papal había contradicho notoriamente. Los ataques sufridos por él por parte de Preiras, Eck y otros teólogos fieles al papado romano, sólo habían llevado a Lutero a documentarse más en los temas tocados por la controversia original sobre la validez de las indulgencias. Como se puede notar en estos hechos la controversia sobre las indulgencias se había ampliado enormemente. Ya conocía Lutero los comentarios del mismo Papa, en el sentido de que pronto lo condenaría por sus acciones evangélicas.

---

[1] Atkinson, 151-53; Bernhard Lohse, *Martin Luther: An Introduction to His Life and Work* (Minneapolis: Fortress Press), 40-43.

[2] OML 1, 12.

[3] Comp. Walter von Loewenich, *Martin Luther: The Man and His Work* (Minneapolis: Augsburg Publishing House, 1986), 109-27; Schwiebert, *Luther and His times*, 303-24; García-Villoslada, *Martín Lutero* I:324-51. Estos textos explican la controversia de las indulgencias y los diferentes personajes en este drama religioso.

[4] Atkinson, 178.

[5] OML 1, 29-32.

[6] OML 1, 29.

[7] Atkinson, 178; García-Villoslada, I:355-56.

[8] Comp. Atkinson, 187-95; Schwiebert, *Luther and His Times*, 344-58; von Loewenich, *Martin Luther*, 133-41; García-Villoslada, I: 375-413. Estos autores aquí relatan los hechos que llevan a Lutero a comparecer ante el cardenal Cayetano y también narran ese encuentro.

7
El debate de Leipzig

Juan Eck y Lutero acordaron tener un debate académico durante la estancia de ambos en Augsburgo en octubre de 1518, cuando Lutero comparecía ante Cayetano. La ciudad de Leipzig, la principal de la Sajonia Ducal, sería el escenario durante los primeros días de julio de 1519[1]. Antes de tratar sobre este debate, es menester que bosquejemos algunos de los detalles históricos que se vivieron previamente.

Todos los interesados en la política imperial estaban jugando sus piezas en aquellos días ante la inminente muerte del emperador Maximiliano, que se cumplió el 12 de enero de 1519. En este nuevo momento histórico, el elector Federico el Sabio encontró un espacio más amplio para negociar el caso de Lutero, ya que quedó como uno de los dos substitutos de emergencia que administraban los negocios del imperio mientras que se elegía al nuevo emperador. Igualmente el Papa y la curia papal suavizaron, pero jamás abandonaron, la presión ante el elector con motivo de lo que ellos consideraban rebeldía de parte de Lutero. La atención se concentró en la política para elegir al nuevo emperador. Todos estaban conscientes de que el balance del poder en el futuro inmediato dependía de quién fuera el siguiente emperador.

Una de las más destacadas medidas del emperador Maximiliano fue incrementar y consolidar el poder político de su familia en casi toda Europa. Su propio matrimonio lo había realizado teniendo esto en mente. Posteriormente sus hijos también siguieron su ejemplo.

En los reinos de Aragón y Castilla en la península ibérica a principios del siglo XVI reinaban los Reyes Católicos, Fernando e Isabel. Estos reyes habían empezado a unir a España. Era la época en que se estaba acrecentando su poder e influencia debido también a los descubrimientos y colonización de las tierras americanas. Una vez fallecidos, sus hijos gobernaron sus respectivos reinos en las primeras décadas de aquel siglo. Felipe, uno de los hijos de Maximiliano, se casó con Juana, hija de los Reyes Católicos. De esta unión nació Carlos I en las cercanías de Gante en lo que actualmente es territorio de Bélgica, Carlos llegaría a ser el sucesor de Maximiliano, y como emperador tomó el nombre de Carlos V, con el cual habría de ser reconocido en la historia.

Sin duda, Maximiliano había escogido a su nieto Carlos I, quien gobernaba en la península Ibérica, para ser su sucesor en el imperio. Durante largo tiempo trabajó diplomáticamente para lograr su cometido antes de su muerte. Debemos recordar que había siete electores cuya tarea era la de elegir al emperador. El puesto de emperador podía ser otorgado a cualquier gobernante. De los siete electores, tres eran eclesiásticos. Uno de ellos era Alberto, el arzobispo de Maguncia. Los otros cuatro eran gobernantes laicos, como Federico el Sabio de la Sajonia Electoral. Aunque el Papa y la curia romana no tenían un candidato definido, se oponían a la elección de Carlos de España. Ellos habían considerado especialmente a dos personas para el puesto de emperador: a Federico el Sabio y al ambicioso rey de Francia, Francisco I. La nueva situación política favoreció a Lutero y a su movimiento de Reforma. Esta situación le permitió seguir escribiendo prolíficamente. Debido a que sus detractores no habían guardado silencio, se sintió también libre de la promesa que le había hecho a Miltitz, el representante papal.

Los ataques que recibió Lutero en contra de sus argumentos lo llevaron a dedicarse con mayor esmero a sus estudios. Dentro de los argumentos que reforzó durante este tiempo hay que destacar su principio de la autoridad de las Sagradas Escrituras, la cual era a la vez el instrumento óptimo para normar asuntos relacionados con la fe cristiana. Las *Sagradas Escrituras* fueron la fuente principal de inspiración para su empresa reformatoria. Esta fuente había empezado a enriquecer su fe y había llegado en cierto momento a ocupar la mayor parte de su mente. La Palabra, simplemente, lo cautivó por completo.

El debate de Leipzig

Uno de los escritos principales que denotan este punto de partida es su *Disputa y defensa contra las acusaciones del doctor Juan Eck* (1519). Este escrito es un preludio de su punto de vista, antes de su debate con Eck en Leipzig (1519). Su tesis XIII expresa claramente el uso que Lutero les da a las Sagradas Escrituras en relación a la Iglesia Católica Romana. También se ve como Lutero usa a los Padres y la tradición de la iglesia en apoyo a las Escrituras. Así declara en esa tesis: "Por los muy insulsos decretos de los pontífices romanos, que han aparecido en los últimos cuatrocientos años, se prueba que la Iglesia Romana es superior a todas las demás. Empero, a esto se oponen los hechos históricos de mil cien años, el texto de la divina Escritura, y el decreto del Concilio de Nicea, el más sagrado de todos los concilios"[2].

Lutero se había dado cuenta en sus estudios de que las generaciones subsiguientes a los apóstoles estaban compuestas por cristianos que consideraban a las Escrituras como la autoridad máxima en la iglesia, así como también su regla de fe. Lutero afirmó esto muy claramente en su debate con Eck. También expresó claramente que Roma no tenía un monopolio de autoridad sobre el cristianismo. Estos comentarios están resumidos en el informe de Lutero a Spalatin sobre el Debate ese mismo año (1519)[3]. Veamos cuáles son algunos de los puntos más importantes de este debate.

Al estudiar la historia de la iglesia reflejada en la literatura de los padres de la iglesia y los decretos de los concilios, Lutero se percató de que la iglesia de Roma en los primeros cuatro siglos de la era cristiana no había ejercido autoridad sobre las otras iglesias, como era la enseñanza predominante en el siglo XVI. Había descubierto que hubo algunas iglesias que fueron igualmente importantes como las de Jerusalén, Antioquía, Alejandría y Constantinopla. Más y más se daba cuenta de que los alegatos acerca de la primacía del Obispo de Roma no tenían fundamento bíblico ni histórico. Al contrario, notó que el primer concilio ecuménico de Nicea en 325 no había sido convocado por el Obispo de Roma ni éste jugó un papel relevante en él. Como se sabe, el emperador Constantino fue quien convocó aquel histórico concilio. Además fue el mismo Constantino quien desempeñó un papel destacado en él. Debe recordarse aquí que durante la Edad Media se enseñaba ampliamente en toda la iglesia occidental la primacía del obispo de Roma. La primacía papal esencialmente enseñaba que el primer Papa de la iglesia fue San Pedro, quien había recibido de Jesucristo la encomienda de cuidar las ovejas. Esta enseñanza se extraía de textos bíblicos como Mateo 16:18-19 y Juan 21:15-19. También se enseñaba que San Pedro había llegado durante su ministerio apostólico a la ciudad de Roma. En esta ciudad, según dictaba la tradición, había recibido el martirio, no sin antes haber dejado a un sucesor. A esta última enseñanza se le sigue llamando "la sucesión apostólica" y es una de las más importantes en relación al papado.

Lutero se había percatado de que este ambicioso reclamo del Papa romano no tenía fundamento histórico. Había concluido que ciertos obispos romanos sagaces, siglos después de la era apostólica, fueron quienes empezaron a reclamar para el obispo romano la primacía en la iglesia occidental. Dos de estos obispos romanos fueron Silvestre I, poseedor de tal oficio durante el tiempo del primer concilio de la iglesia en Nicea en 325, y Gregorio I a fines del siglo VI y principios del VII. Lutero confirmaba con datos históricos evidentes que en los primeros siglos de la iglesia no hubo quien reclamara primacía alguna. En la iglesia primitiva y de los primeros siglos, un apropiado sucesor de Pedro era todo aquel que tuviera la misma fe en Cristo. Todos los obispos se veían y consideraban iguales en su ejercicio del "Oficio de las llaves", y en este sentido todos eran considerados como vicarios de Cristo. Lutero sostenía que eran los decretos papales en los últimos cuatro siglos—a partir del siglo XII—los que respaldaban tardíamente la primacía romana.

Con el tiempo ciertos obispados, como el de Constantinopla, sobresalieron en el mundo cristiano por ser sedes de ciudades importantes. La influencia de estos centros cristianos y de sus dirigentes indudablemente se hizo sentir en muchas partes. A este proceso natural se le conoce como derecho humano. Igualmente, esto significa que la sociedad considera un lugar o persona importante para el orden de las relaciones entre los seres humanos. El obispado de Roma encajó en este parámetro. Lutero empezó a considerar que el obispado romano había alcanzado su prominencia sobre la base del derecho humano. Comenzaba a descifrar que era incorrecto y arbitrario que el Papa romano se atribuyese superioridad o primacía sobre los demás cristianos recurriendo al reclamo que se conoce como derecho divino, es decir, la supremacía del obispo romano como algo ordenado por Dios mismo.

Para Lutero la iglesia tenía su máxima autoridad en lo que Dios había revelado en la Biblia, en la Palabra. Los dirigentes de iglesias en igualdad de circunstancias podían y debían convocar concilios de toda la cristiandad para tratar asuntos del gobierno humano de la iglesia, para afinar enseñanzas bíblicas y normar, hasta donde se pudiese humanamente, las prácticas de las iglesias. De nuevo, aquí se puede notar que Lutero comenzaba a creer que un concilio de la iglesia podría tener más peso que el obispo de Roma. En este sentido se alineaba con lo que en su reciente pasado se había conocido como el Movimiento Conciliar, movimiento que el partido de la supremacía papista había prácticamente vencido.

Pero el meollo de la nueva teología de Lutero era sin duda el redescubrimiento del mensaje evangélico en la enseñanza conocida con el nombre de "justificación por medio de la fe". Como se ha mencionado anteriormente, la iglesia medieval había oscurecido este mensaje cuando empezó a enseñar que la salvación se puede alcanzar mediante las buenas obras por parte del creyente. Esto se puede percibir claramente en las tesis I al III que Lutero preparó para su debate en Leipzig. Un resumen de sus argumentos en estas tesis es que el ser humano es pecador, y que el pecado permanece aun después del bautismo. Es solamente bajo la misericordia de Dios que uno vive bajo las buenas obras de Cristo. Ya que el ser humano es completamente pecador, y continúa en su pecado, solamente bajo el amor de la justicia de Dios el humano ya vive en el perdón de Dios y en el verdadero arrepentimiento[4]. Esto va claramente contra el sacramento de la penitencia, el cual cumplido, siguiendo los cánones que dictaba la iglesia medieval, hacía creer al creyente que podía por sí mismo contribuir a satisfacer las demandas de Dios. Así podía alcanzar la salvación.

Con estos argumentos Lutero se equipaba para enfrentar al eminente profesor Eck de Ingoldstadt. El debate académico cuyo tema central serían las indulgencias se efectuaría en Erfurt o en Liepzig. Eck logró que en febrero de 1519 el duque Jorge, de la Sajonia Ducal, acordara disponer de la ciudad de Leipzig para que a fines de junio y principios de julio sirviera como sede del debate. El arreglo se hizo sin que el duque tuviera el apoyo de la facultad de teología de la Universidad de Leipzig ni del obispo. Ambos se negaron originalmente a conceder su apoyo al duque. Tiempo después, debido a las presiones, tuvieron que ceder.

Mientras tanto, Eck igualmente se preparaba para combatir a los representantes de la nueva teología de Wittenberg. Para ello escribió un documento intitulado *Doce tesis* mediante el cual atacaba directamente los argumentos anti-romanistas que Lutero había expuesto en sus *Explicaciones a las noventa y cinco tesis*. La intención de Eck era involucrar directamente a Lutero en el debate, que originalmente se había acordado tendría lugar entre Carlstadt y Eck.

Lutero reaccionó contra las *Doce tesis* de Eck al refutarlas una por una en un escrito. Además durante ese tiempo empezó a considerar seriamente el reclamo hecho por el humanista Lorenzo Valla a mediados del siglo XV sobre el las *Decretales de* Graciano. Este documento era estudiado por los eruditos del derecho civil y canónico, pues era una recopilación de todos los decretos de la iglesia. La primacía del Papa, según Valla y otros, había sido un decreto espurio que se había incorporado al Decreto de *Graciano*. Basándose en la exégesis cuidadosa de Mateo 16:18 y en la historia eclesiástica junto a la literatura de los padres de la iglesia, se iba acrecentando en Lutero la idea que tanta aflicción extra le causaría: el Papa podía ser el anticristo del cual hace mención la Biblia (1 Juan 2:18, 4:3).

De pronto la universidad de Wittenberg se hizo famosa por toda Europa y atrajo a estudiantes de muchas tierras. La fama de Lutero y de la universidad de Wittenberg se ganó el recelo de muchos leales a la iglesia de Roma. Especialmente a Juan Eck le era difícil ocultar su desazón. Para entonces Eck ya había diagnosticado que el centro de la disputa no eran las indulgencias, el libre albedrío o la gracia de Dios, sino la primacía del Papa. En efecto, muchos de los puntos en controversia se derivaban del papel del Papa en la iglesia.

Lutero se dio cuenta del verdadero peligro que esto representaba para su vida. Sabía lo que le había pasado a Juan Hus en el concilio de Constanza. Sus amigos le recordaron repetidamente que se había expuesto mucho. Sin embargo, Lutero estaba convencido de la verdad de su causa, a la cual comparó con la causa de Dios y del evangelio. Su convicción había llegado a tal extremo que su propia vida no le interesaba más. Si moría lo haría como mártir cristiano, a pesar de considerarse indigno del martirio.

Para entonces Lutero estaba familiarizado con los procedimientos malsanos de Juan Eck. Se percataba igualmente de que en Leipzig, Eck tocaría el tema de la primacía del Papa. Lutero la refutaría con datos históricos sin llegar, sin embargo, a declarar que el Papa se había convertido en el mismo enemigo del *Evangelio*, en el anticristo.

En un ambiente de expectativa, finalmente llegó el día del debate. Para el 16 de junio tanto Eck como Carlstadt habían acordado las reglas del debate, entre las cuales las facultades de teología de las universidades de Erfurt y París se desempeñarían como jueces. Al siguiente día se daría inicio a las sesiones del debate después de las correspondientes ceremonias protocolarias. Eck inmediatamente hizo gala ante Carlstadt de sus superiores habilidades retóricas y de su memoria. A pesar de que el argumento de Carlstadt era mejor, Eck sabía contrarrestarlo con su experiencia y talento.

Cuando se encontraba en desventaja, Eck evadía los argumentos saliéndose del tema o refiriéndose a citas equivocadas. Por su parte, Carlstadt dependía muchos de sus apuntes y libros, a los cuales daba en ocasiones larga lectura. Eck pidió que se prohibiera la lectura de libros para agilizar el debate, petición que le fue concedida. Esto perjudicó seriamente a Carlstadt, a quien quería vencer en todos los argumentos en lugar de llegar a un consenso o siquiera un acuerdo. Eck supo tomar ventaja de su supuesta posición de defensor de la iglesia y del Papa. La mayoría de sus peticiones le fueron concedidas por las parciales autoridades civiles, académicas y eclesiásticas. El debate se prolongó por varios días. A Lutero finalmente se le invitó a participar a partir del 4 de julio.

Durante esos mismos días en Colonia se estaba celebrando la dieta del imperio. De esta dieta salió Carlos V electo como nuevo emperador. Debido a que uno de los electores en su retorno a casa habría de pasar por Leipzig, el duque Jorge se vio obligado a dar por finalizado el debate. El local donde se celebró el debate se requería para las ceremonias protocolarias en ocasión de la visita de un elector a la ciudad.

En el debate con Eck, Lutero manifestó que no deseaba tocar el tema de la primacía del Papa. Sin embargo, astutamente Eck obligó a Lutero a debatir sobre este tema escabroso. La verdadera intención de Eck era exhibir a Lutero como hereje, pues sabía que asumiría posiciones similares a las de Juan Hus.

Es precisamente el tema de la pretendida primacía del Papa por derecho divino lo que da importancia histórica al debate de Leipzig. La estrategia esencial de Eck era fundamentarse en Mateo 16:18 y en la enseñanza de los padres de la iglesia. En contraste, la maniobra de Lutero era demostrar que la verdadera cabeza de la iglesia es Jesucristo y que nadie, ni siquiera el Papa, tiene derecho a suplantarla. Lutero refutó el argumento de que los padres de la iglesia hubiesen ratificado unánimemente la primacía Papal por derecho divino. Lutero sostuvo que todos los padres de la iglesia deberían de estar sometidos a la autoridad suprema de la Biblia, la revelación segura de Dios. Eck contraatacó acusando a Lutero de sustentar el ya condenado argumento de Juan Hus. Lutero se negó a que se infiriera que fuese partidario de Hus, si bien al mismo tiempo mencionó que ciertos argumentos de Hus habían tenido una posición correcta según la enseñanza bíblica. Podemos mencionar una de estas enseñanzas. Esta es que el creyente no necesita ser miembro de la iglesia papista para ser salvo. Comprobaba esto con la existencia histórica de la iglesia en otros lugares. Debido a estas afirmaciones, Eck no perdió tiempo en acusar a Lutero de la herejía con la que había sido condenado Hus. Eck sabía que una persona que contrariara las decisiones conciliares podría ser acusado de hereje. Lutero protestó por la manera en que Eck asociaba sus afirmaciones en torno a Hus. Varias veces Lutero declaró y demostró su desacuerdo con la posición de Hus. No obstante, su auditorio estaba más presto a dejarse impresionar por las declaraciones del Concilio de Constanza contra Hus. Por otro lado, no le ayudó el hecho de que había declarado que los concilios se podían equivocar en sus decretos, especialmente aquellos que carecían de fundamentos bíblicos o se asentaban en una deficiente interpretación de las Escrituras.

El resultado inmediato fue que ambos enfoques teológicos quedaron claramente marcados. Los escritos posteriores simplemente corroboraron las distintas posiciones teológicas. Oficialmente, sin embargo, los jueces del debate no emitieron ninguna declaración durante meses, aun cuando los partidarios de Lutero sólo esperaban que los jueces se declararan a favor de Eck. La demora en el dictamen de los jueces terminó favoreciendo la causa de Lutero. Gracias a ella surgieron personas que lo apoyaron, entre ellos algunos humanistas. El silencio de Erasmo fue interpretado como muy sospechoso por el partido papista, pero para el partido luterano representaba al menos la esperanza de que hubiera personas sensatas que pudieran sopesar las cosas en su dimensión apropiada. Federico el Sabio continuó respaldando a Lutero aunque manteniendo una distancia prudente. No deseaba dar la impresión al nuevo emperador de que pudiera estar apoyando la herejía de uno de sus súbditos. Lutero volvió a sus labores en Wittenberg, en donde siguió esperando la respuesta a su apelación de celebrar un concilio en un futuro cercano que dirimiría todas las controversias. No obstante, Lutero era muy realista respecto al resultado de este debate. El pueblo de Leipzig trató como enemigos muy odiados a Lutero y sus compañeros. Lutero sabía que su causa peligraba y que pronto tendría que comparecer ante los poderes de Roma para dar cuenta de su fe. Presentía ya profundamente el gran abismo que se trazaba entre su fe evangélica y Roma. Eck, por otro lado, se encargó de ir a Roma a informar a la curia de sus logros en el debate de Leipzig. Ahí buscaría que Lutero fuera excomulgado.

---

[1] Comp. Von Loewenich, *Martin Luther*, 143-50; Schwiebert, 358-437; García-Villoslada, I:412-52; Atkinson, 197-203; Kittelson,139-42 sobre los eventos antes, durante, e inmediatamente después del Debate de Leipzig en 1519.
[2] OML 1: 56.
[3] OML 1:61-66.
[4] OML 1: 54.

8
Lutero emprende con afán la reforma de la iglesia

El periodo de julio de 1519 a julio 1521 marca el pináculo de la vida de Lutero en cuanto a sus escritos y obra reformadora[1]. Después de su regreso de Leipzig a Wittenberg, Lutero se vio forzado a sostener una polémica por escrito con varios representantes de la teología romana. Sus convicciones iban afinándose conforme pasaba el tiempo, pero las excesivas tensiones y ansiedades poco a poco afectaban su salud. Para empeorar las cosas, el Papa demoraba la convocatoria de un concilio tal y como lo esperaba Lutero. Pero el tiempo no le sobraba a Lutero. De hecho es sorprendente saber sobre su abundante producción literaria en los meses siguientes al debate de Leipzig. Estaba convencido de que una reforma de la iglesia era indispensable y no podía esperar más tiempo. Había llegado el momento para poner manos a la obra reformadora.

Lutero, en su papel de profesor de teología, realizó las primeras reformas intencionales de la iglesia en el campo académico. Empezó por influir en la modificación del programa de estudios en la facultad de teología en Wittenberg. En el nuevo currículo había desaparecido casi todo vestigio de los estudios escolásticos. El pensamiento de Aristóteles, tan apreciado en todas las universidades medievales, prácticamente fue eliminado en Wittenberg. Como substituto apareció un énfasis en los estudios bíblicos. La universidad no demoró en contratar a profesores de lenguas clásicas. El griego y el hebreo empezaron a figurar prominentemente porque eran la base para los estudios.

Mientras tanto, en su calidad de predicador, Lutero tuvo la oportunidad de enseñar al pueblo directamente sobre la nueva interpretación bíblica, y desde luego, sobre la justificación por la fe sin las obras de la Ley. Los temas bíblicos aparecían constantemente acompañados de sugerencias específicas para la vida cristiana diaria. Podemos encontrar esta riqueza evangélica, por ejemplo, en la serie de homilías, llamadas *postilias*, que preparó para las iglesias a la recomendación del elector Federico para el Año Cristiano de 1520[2]. Aquí ofrecemos algunos ejemplos:

Sobre la persona de Cristo Jesús y nuestra relación a él, comenta en su homilía sobre el Primer Domingo de Adviento basada en el texto de Mateo 21:1-9: "Este evangelio invita y exhorta a la fe, pues prefigura la entrada de Cristo con la gracia, la cual nadie puede recibir o aceptar a menos que sea una persona que cree que él es la debida persona... Solamente se ve aquí la misericordia, ternura, y amabilidad de Cristo, y aquel que lo reciba, y crea en él será salvo"[3].

Exhorta Lutero sobre nuestra relación con el prójimo en la misma homilía: "Ya hemos dicho suficiente sobre la fe. Ahora consideremos las buenas obras. Recibimos a Cristo no solamente como un regalo por la fe, sino también como un ejemplo de amor hacia nuestro prójimo, a quien debemos de servir de la misma manera que Cristo nos sirve. La fe les trae y les ofrece a Cristo con todas sus riquezas. Su amor les ofrenda a ustedes y a sus prójimos con todas sus riquezas. Estas dos cosas constituyen una vida verdaderamente y completamente cristiana. Por motivo de esta fe y amor llegan el sufrimiento y la persecución, y por medio de estos crece la esperanza en paciencia"[4].

Lutero era un verdadero pastor de sus ovejas, y tomaba de su tiempo limitado para aconsejar a quienes a él llegaban con sus varios problemas. Varias personas de Wittenberg, y aun de otros lugares, se acercaban a Lutero para pedirle consejos personalmente o por carta. Muchos de sus consejos, y muchas de sus enseñanzas, fueron emitidas por Lutero en un contexto determinado. El pensamiento teológico de Lutero no sigue las expectativas y métodos del pensamiento sistemático de la época. Más bien, al contestar las preguntas o consejos que le pedían, Lutero emitía sus reflexiones en forma circunstancial u ocasional.

Las autoridades de la iglesia cercanas a Wittenberg a partir de la segunda parte de 1519 empezaron a distanciarse notablemente de Lutero y de su movimiento reformador. Temían ser acusadas, o al menos que se sospechase que apoyaban a quien se esperaba que fuera excomulgado por el Papa en poco tiempo.

Pasado el tiempo, cuando hubo la necesidad de ordenar al ministerio público a varios estudiantes de la facultad de teología de la universidad de Wittenberg, los obispos empezaron a poner trabas a los graduados. Temían que, como simpatizantes de Lutero, los nuevos sacerdotes causaran problemas en sus diócesis al seguir difundiendo las ideas heréticas de su maestro y sus colegas. En vista de esta situación, Lutero y sus colegas no tuvieron más remedio en proceder a ordenar a aquellos estudiantes. Esta acción fue otra medida reformadora dentro de la iglesia.

Lutero también había articulado la doctrina del sacerdocio universal de todos los creyentes. Había llegado el momento de que la ruptura con la Iglesia Romana se hacía una realidad. A partir de entonces, decididamente afirmaría que era la iglesia papal la que se había desviado del sendero bíblico, y especialmente del evangelio.

En el 1520 Lutero también escribió tres tratados en los cuales prácticamente delineó un programa de reforma. De estos tres documentos hablaremos a continuación. El primero fue el *Discurso a la nobleza de la nación alemana* (1520)[5]. Este escrito es la respuesta de Lutero a una solicitud de los representantes de distintos segmentos de la sociedad, entre los que se encontraban miembros de la corte e intelectuales de la Sajonia Electoral. Le pidieron que escribiera lo descubierto en sus estudios sobre las equivocaciones o desviaciones de la iglesia medieval, y que delineara algunas reformas prácticas.

Lutero esencialmente declaró que la iglesia papal había edificado tres grandes murallas atrincherándose en ellas para asegurar su dominio sobre el resto de la cristiandad occidental. La primera muralla era la diferencia abismal establecida entre los laicos y sacerdotes, o entre seres seculares y seres espirituales. Según la iglesia papal esta diferencia de rango la había establecido Jesucristo durante su ministerio. Se afirmaba que Jesús elevó a los apóstoles sobre el resto de los creyentes. El reclamo del establecimiento de rango había dado pie también a que la ordenación al sacerdocio se considerara como un sacramento. Esto implicaba que quien recibiera la ordenación pasaba a ser miembro de una clase que estaba por encima de los demás creyentes, los seculares.

La segunda muralla era que sólo el Papa podía interpretar correctamente las enseñanzas de la Biblia. Conectada con esta enseñanza estaba la tradición oral que pretendía incluir ciertas enseñanzas apostólicas que sólo los jerarcas de la iglesia se transmitían de generación a generación. Aquí se consideraba naturalmente la enseñanza de la sucesión apostólica, es decir, que el Papa y los obispos poseían un poder especial que derivaba de los apóstoles.

La tercera muralla consistía en que el Papa era el único que podía convocar concilios de toda la cristiandad. Se pretendía que los concilios de la iglesia a través de la historia se habían efectuado únicamente por la convocatoria hecha por el obispo romano. Esto implicaba que todo acuerdo conciliar, para que fuese válido, tenía que ser autorizado por el obispo romano. En caso de que no fuese así, el acuerdo a que llegara un concilio carecía de validez. La validez sólo la otorgaba la aprobación papal.

El tratado de Lutero también describía mucho de los abusos y afrentas que en los pasados siglos habían recibido los alemanes. Dichas afrentas en gran medida las habían causado las autoridades eclesiásticas romanas. A través del tiempo, mucho de lo que las autoridades eclesiásticas habían hecho era simplemente disponer de las riquezas de la iglesia y del pueblo alemanes para contribuir a sostener todo el aparato administrativo, y no en pocas ocasiones los caprichos y guerras del Papa y de la curia romana. Lutero, como muchos antes que él, hizo un llamado a los gobernantes para que tomasen medidas a fin de impedir la fuga de divisas. Dicha fuga empobrecía a los principados alemanes. Ciertamente las divisas contribuirían a mejorar la situación no sólo económica sino también educativa de todos los alemanes.

A fin de derribar estas tres murallas Lutero articuló la doctrina del sacerdocio universal de todos los creyentes. La doctrina del sacerdocio universal de todos los creyentes esencialmente enseñaba que cualquier persona cristiana en virtud de su bautismo era en efecto un sacerdote que poseía el evangelio y la fe. Ambas cosas eran dones divinos. El oficio de sacerdote u obispo ejercido en forma pública era desempeñado porque así lo aprobó Dios. El ejercicio público de este oficio era parte del orden que debía de existir en la comunión de los santos. Igualmente Lutero argumentó que cualquier cristiano podía ser guiado por el Espíritu Santo para interpretar las Escrituras, las cuales tenían la cualidad de tener claridad para quienes poseían la verdadera fe, la guía del Espíritu Santo y la mente de Cristo.

Lutero concluyó amonestando a los gobernantes alemanes para que actuaran en la ejecución de una reforma de la iglesia. Como obispos de emergencia podían convocar un concilio de la iglesia a fin de poner fin a las prácticas abusivas y empezar a tomar medidas para reformar la iglesia. Entre ellas figuraban las siguientes: se recomendaba suspender los diezmos obligatorios y la celebración de misas dedicadas a los santos difuntos. Recomendó a que se les diera a los sacerdotes la libertad de casarse, y exhortó a sus feligreses a sustentarlos con un pago decente. A los cristianos les recomendó vivir una vida piadosa y alejada de los lujos. En asuntos del orden social recomendó la eliminación de la prostitución y el control de las bebidas embriagantes. Para la niñez y la juventud impulsó la educación y propuso medidas para proveerles de ella.

Un segundo documento importante del año 1520 fue *La cautividad babilónica de la iglesia*[6]. El título era muy sugestivo pues asociaba la esclavitud del pueblo israelita con aquella esclavitud con la cual el papado había sometido a la iglesia. Además, dicho título aludía al tiempo en que el Papa fue obligado a vivir en Aviñón, en el sur de Francia.

La cautividad babilónica de la iglesia fue escrito teniendo en mente por un lado a quienes conocían de cerca la religión y vivían de la práctica de ella, y por el otro lado también a los representantes del movimiento humanista que hasta entonces habían concordado con él en el principio de la necesidad de reformar la iglesia. El documento trata principalmente del sistema sacramental que la iglesia medieval había creado para reforzar el poder del Papa y de la curia romana.

Este escrito incluía un análisis de los sacramentos de la iglesia medieval a la luz de las Escrituras. Al analizar los sacramentos, Lutero se vio en la necesidad de proveer una definición de lo que era un sacramento. Hasta aquel entonces ningún decreto o concilio se había pronunciando sobre la definición de lo que debía ser un sacramento ni sobre el número de ellos. En vista de esto, Lutero intuyó correctamente que la iglesia había sido caprichosa en seleccionar los siete sacramentos que existían en el siglo XVI. En contraste con esta notable deficiencia, Lutero apoyó la siguiente definición: un sacramento para que fuera considerado como tal debía incluir dos ingredientes. El primero era que tenía que haber sido ordenado por Jesucristo a sus seguidores. Esta parte implicaba que el verdadero agente era Dios. La orden también transmitía la promesa específica de Dios quien en su gracia perdonaba los pecados a los receptores del acto. El segundo ingrediente era usar un elemento material, algo tangible para el ser humano. No obstante, a veces él y Melanchthon operan bajo diferentes definiciones. Estas diferencias se pueden notar en el *Libro de concordia*.

Lutero se refiere a veces a la penitencia o arrepentimiento como un tercer sacramento. Pero considera el sacramento del arrepentimiento como incluido en el sacramento del bautismo. Así lo explica Lutero en su *Catecismo Mayor* (1529): "[C]uando vives en arrepentimiento, vives en el bautismo, el cual no solamente significa dicha nueva vida, sino que la opera, la inicia y la conduce"[7]. En la *Apología de la Confesión de Augsburgo* (1531), Melanchthon opera con la primera parte de la definición de Lutero sobre lo que es un sacramento y no la segunda. Por eso vemos que mantiene tres en vez de dos sacramentos en el artículo XIII de la *Apología* al tratar sobre el número y uso de los sacramentos. Allí escribe: "Así, pues, los verdaderos sacramentos son el bautismo, la cena del Señor y el arrepentimiento"[8]. El punto de concordia en sus definiciones es lo que ofrece Dios como medio de perdón de pecados en las Sagradas Escrituras. Claramente para los dos el bautismo y la Santa Comunión contienen ese medio de perdón. Sobre el arrepentimiento, los dos lo ven como medio de perdón, exceptuando que Lutero, como ya se ha dicho, lo ve ya incluido en el bautismo.

Más aun, Lutero despojó de ciertos abusos a los dos sacramentos que reconocía en la iglesia papal. Eliminó del sacramento de la Santa Cena tres errores que había diagnosticado: la negación del cáliz a los laicos, la enseñanza escolástica sobre la transubstanciación de los elementos del pan y vino, y el sacrificio de la misa hecho supuestamente por el sacerdote.

Lutero se fundamentó de nuevo en las Escrituras. Demostró que los evangelios aseveraban que los discípulos tomaron el cáliz la noche en que Jesucristo instituyó este sacramento. Igualmente, Lutero probó que a partir de San Pablo y los primeros cristianos, la iglesia administraba el cáliz a todos los participantes. También rechazó la posición escolástica del cambio de substancia (la transubstanciación) del pan y el vino en cuerpo y sangre de Cristo. Lutero simplemente afirmó las palabras del texto bíblico, ya que las mismas no señalan un cambio de substancia en la celebración del Santo Sacramento.

Rechazó también la enseñanza acerca de la misa como un sacrificio realizado por el sacerdote. Para él era falso que el sacerdote de nuevo ofreciera al Cordero de Dios en sacrificio al Padre. No había un sacrificio incruento, o repetición del sacrificio hecha por ningún sacerdote ni aun el Papa. Tampoco era la misa una buena obra para aplacar a Dios. Lutero se basaba en la Biblia para sostener que Jesucristo una sola vez verdaderamente había sido sacrificado para la salvación de los seres humanos. Su único sacrificio había sido eficaz, por lo que era innecesario repetirlo. En el fondo también negó el papel eminente que la teología romana le daba al sacerdote como mediador y representante del pueblo cristiano. El acento en este sacramento propiamente fue puesto en lo que Dios ofrece y hace por medio de él. El ser humano, incluyendo al mejor Papa, no tiene nada bueno que ofrecer a Dios por iniciativa propia. En vista de esto, Lutero afirmaba que el sacramento era correctamente celebrado cuando se hacía con agradecimiento por lo que Dios obraba por medio de él. Lo único bueno que el hombre podía hacer en el sacramento era agradecer los dones de Dios al confiar en ellos.

El tercer escrito importante de ese mismo año se intituló *La libertad cristiana*[9]. Curiosamente se lo dedicó al Papa León X a pesar de que en él claramente negó la primacía del Papa sobre los concilios. Para Lutero la verdadera libertad del cristiano era la que producía únicamente el evangelio. Esta libertad se obtenía auténticamente al depositar la fe y confianza en Dios. Lutero presentó la libertad del cristiano en un par de declaraciones que eran aparentemente contradictorias. En realidad las declaraciones que Lutero escribió contienen paradojas porque para Lutero muchas de las implicaciones prácticas del evangelio son precisamente eso—paradojas. Las declaraciones eran: "el cristiano es dueño de todo y no está sujeto a nadie. Al mismo tiempo el cristiano es siervo de todos y está sujeto a todos"[10].

Esta paradoja de la vida cristiana se puede entender por el papel que desempeña la fe en el creyente. Para el creyente su fe en Dios, o mejor dicho, Dios a través de la fe, transforma su perspectiva acerca de la vida. Su relación primordial está en Dios. Porque ama a Dios puede amar a todos. En Dios obtiene su libertad, pero la libertad de ser siervo para los demás. Si ama a Dios, el creyente ama también al prójimo. Es más, su amor a Dios se manifiesta en su amor al prójimo. Su amor se manifiesta en obras específicas que hace para el bienestar de su prójimo. Las buenas obras no convierten al creyente en bueno o justo ante Dios. Pero el creyente necesariamente hace buenas obras motivado por el mismo Dios.

La fe en Jesucristo es de nuevo lo central en la vida cristiana. Ella es la que nos vincula a Jesucristo. A la vez que recibe a Jesucristo, el creyente por medio de la fe implantada por Dios en su corazón, obtiene la justificación y el poder para realizar el amor y gratitud que ahora existen en su corazón. La fe es la que le otorga los beneficios de Jesucristo: beneficios que estará siempre dispuesto a compartir con sus semejantes. En efecto, en Jesucristo el creyente obtiene por fe su verdadera libertad, su verdadera perfección, su verdadera justificación. En esto no está sujeto a nadie más que a Dios, quien se ha revelado en Jesucristo. Pero Dios lo habilita hacia su prójimo en amor y fe. Esto significa que el creyente es siervo del prójimo. En este sentido, el creyente se apropia las palabras de Jesucristo: ".... el Hijo del hombre no vino para ser servido, sino para servir" (Mat. 20:28). Su obra *La libertad cristiana* es relevante para conocer otra dimensión muy importante acerca de la justificación en la teología de Lutero. Aunque Lutero subraya en varios de sus escritos, especialmente en sus comentarios sobre Romanos y Gálatas, que la justicia de Dios es algo que nos llega de fuera de nosotros, eso no quiere decir que la misma sea algo extraño en la vida del cristiano. Esa justicia es efectiva pues vive en el cristiano como gozoso intercambio cuando la justicia de Cristo toma el lugar de su injusticia humana. Vivimos así íntimamente unidos a la justicia de Cristo a favor de la humanidad. De allí parte nuestro gozo y pasión en servir a nuestro prójimo. "Los bienes divinos emanan de Cristo," observa Lutero, "y entran en nosotros: de Cristo, de aquel cuya vida estuvo dedicada a nosotros como si fuera la suya propia. Del mismo modo deben de emanar de nosotros y derramarse sobre aquellos que los necesitan. Pero esto tendrá lugar de tal manera que pondremos también nuestra fe y justicia en servicio y favor del prójimo delante de Dios, a fin de cubrir así sus pecados y tomarlos sobre nosotros como si fueran nuestros, como Cristo ha hecho para con nosotros mismos"[11]. Esta es una justicia activa en el amor de Cristo a favor de la humanidad.

[1] Comp. Von Loewenich, *Martin Luther*, 142-77; Schwiebert, 438-92.
[2] John Nicholas Lemker, ed. *Sermons of Martin Luther* (Grand Rapids, MI: Baker Book House, 1988) Comp. Volumen I como ejemplo de su predicación evangélica en ese tiempo. Este volumen contiene homilías para las temporadas de Adviento, Navidad y Epifanía de 1520.
[3] Lemker, I: 10.
[4] Lemker, I: 31.
[5] OML I: 67-135.
[6] OML I: 173-259.
[7] *Catecismo Mayor*, IV, 74-76, *Libro de Concordia*, 475-76.
[8] *La Apología de la Confesión de Augsburgo*, XIII, 4, *Libro de Concordia*, 202.
[9] OML I: 141-67.
[10] OML I: 150.
[11] OML I: 167.

9
La bula de excomunión y la dieta de Worms

El año 1520 fue de considerable importancia para la carrera de Martín Lutero como reformador. Comienza aquí la separación del movimiento de reforma de Lutero de la Iglesia Católica Romana[1].

Las consecuencias del Debate de Leipzig fueron desfavorables para Lutero ante las autoridades eclesiásticas. Sin embargo, la situación política que se presentó en aquel tiempo favoreció a Lutero. Esa situación se dio a raíz de la muerte del emperador Maximiliano y la eventual elección del nuevo emperador.

Durante los días en que se efectuaba el Debate de Leipzig se eligió a Carlos V como nuevo emperador. La elección de Carlos V reveló abiertamente la política del Papa. Éste se había inclinado por el rey francés Francisco I. Carlos V no pasó por alto esta estrategia política papal. Pero su mayor apremio, en ese momento, era concentrarse en consolidar su poder en la península ibérica. Mientras tanto, Francisco I manifestó igualmente su insatisfacción ante la elección imperial. Al notar que Carlos V tenía sus manos ocupadas en España invadió el Milanesado de Italia. La invasión de Francisco I había contado con la aprobación del Papa León X. Carlos V no pudo intervenir inmediatamente en defensa de su dominio territorial debido a la distancia que había de por medio, y tampoco fue favorecido por la situación política interna en España. Lutero y su movimiento de reforma se vieron libres de ser aniquilados pronto tanto por el Papa como por el emperador. No obstante ambos habían tomado nota de la nueva y cada vez más delicada situación en la iglesia y los estados alemanes.

Nuevas circunstancias se presentaron para la segunda parte de 1520. Para entonces se esperaba que la iglesia de Roma diera el siguiente paso. Se pensaba que tal paso consistiría en emitir el dictamen papal de excomunión contra Lutero. El Papa, asesorado por una comisión, emitió la bula *Exurge Domine* el 15 de junio, 1520. El propósito de aquella bula era extender una excomunión dirigida directamente contra Lutero. Iniciaba con un ruego a Dios para que abogara por la iglesia, la cual se representaba con la figura de una viña encomendada al obispo León. La bula afirmaba que la viña del Señor estaba siendo atacada por zorros y por un jabalí salvaje, Lutero. La bula declaraba además que León X tomaba esta medida porque su paciencia se había agotado y no podía seguir soportando los errores.

Después se dio a conocer una lista de 41 declaraciones erróneas que se habían encontrado en los escritos de Lutero. Las citadas declaraciones en su mayoría habían sido tomadas fuera de contexto. Entre los temas de aquellas declaraciones se encontraban el pecado original, el libre albedrío, la penitencia, las indulgencias, el tesoro de la iglesia, el poder del Papa, los concilios de la iglesia y las buenas obras.

La bula confirmaba la condena papal de las 41 declaraciones de Lutero, así como su llamado a celebrar un concilio de la iglesia, llamado que los papas anteriores habían sancionado como herejía. En cuanto a la persona de Lutero, la bula ordenaba que se le debía de tratar como un declarado hereje y que se le excomulgaría en sesenta días si no hacía llegar o presentaba personalmente ante el Papa una revocación por escrito de todas sus enseñanzas. Además se le negaba a Lutero el derecho a predicar y se ordenaba que todos sus escritos fuesen quemados. La bula terminaba afirmando que si Lutero no cumplía con lo estipulado en el lapso dado, se autorizaba a las autoridades a considerarlo excomulgado. Además les prohibía a todos los cristianos tener asociación con él, y contenía la orden dada a todos por igual para capturarlo y enviarlo a Roma.

Juan Eck y Jerónimo Aleandro (1480-1542) fueron comisionados por la curia romana para difundir la bula en los territorios alemanes. Aleandro tuvo la responsabilidad de entregar personalmente una copia de la bula al emperador Carlos V. La respuesta de muchos alemanes ante la bula papal fue brindar apoyo a Lutero, respuesta que Eck no pasó por alto demandando a las autoridades en algunas ciudades alemanas el acompañamiento de guardias para difundir la bula, para después prácticamente salir huyendo. Lutero también tuvo el apoyo más decidido de los nacionalistas alemanes y de los humanistas que buscaban mayor tolerancia de Roma. Ambos grupos consideraban que las autoridades eclesiásticas romanas habían actuado imprudentemente contra protocolo diplomático. Debido a este error de Eck, muchos en Alemania se excusaron de obedecer a la bula.

El 17 de noviembre de ese año, Lutero insistió en apelar públicamente a un concilio general de la iglesia para dirimir de una vez por todas las controversias surgidas, y solicitó a los gobernantes alemanes que insistieran ante el Papa para que convocara un concilio sin demora. Mientras tanto la fecha de expiración de la bula papal, aquellos sesenta días dados a Lutero para revocar sus declaraciones, se cumpliría el 10 de diciembre. La bula incluía la orden de quemar todos los escritos de Lutero. Cuando la bula se publicó en Colonia y Lovaina, los libros de Lutero, efectivamente, fueron quemados por sus ciudadanos.

Cuando llegó la noticia a Wittenberg, inmediatamente quisieron hacer lo mismo con los libros que enseñaban sobre el poder del Papa en la iglesia, es decir, los libros de la ley canónica, especialmente el llamado *Corpus Juris Canonici* y algunos de teología escolástica. Felipe Melanchthon, en efecto, convocó a estudiantes y profesores de la universidad el mismo día en que expiraba el período de gracia contemplado por la bula para que a las 9 de mañana se reunieran en la puerta Elster para atestiguar la quema de aquellos libros. Bajo una grande concurrencia Lutero se acercó a la fogata preparada temblando visiblemente. Allí lanzó al fuego un pequeño volumen mientras que pronunciaba las palabras: "Ya que has destruido la verdad de Dios, que el Señor te consuma en estas llamas"[2]. En ese momento algunos de los presentes se dieron cuenta de que Lutero también había lanzado al fuego una copia de la bula papal, algo que no se había anunciado en la convocatoria.

Para Lutero, la quema de la bula papal significaba que su suerte definitivamente estaba echada. Su desacuerdo con Roma era notorio. Su conciencia anclada en las Escrituras lo motivaba a desaprobar la ley canónica, a la que calificaba de idólatra al rendir excesivo poder al Papa y controlar en gran parte la vida social de la gente en el Sacro Imperio Romano-Germano. Como resultado de aquella acción, el 3 de enero de 1521 apareció en Roma el documento oficial de excomunión a Lutero. El documento se conoce como *Decet Romanum Pontificem*.

Mientras tanto Federico el Sabio y los gobernantes alemanes se preparaban para asistir a la próxima dieta. Ésta contaría con la presencia del joven emperador, quien después de más de dos años retornaba a tierras alemanas. El elector Federico a finales de noviembre había logrado en Colonia que Carlos V y la corte imperial tuvieran la oportunidad de escuchar personalmente a Lutero, aun cuando en las dietas no era costumbre tratar los asuntos religiosos. Pero lo que Lutero había provocado tenía ramificaciones en gran parte de Alemania, era necesario mantener bajo cierta unidad. De ahí que Carlos V siguiendo el consejo de sus asesores haya aceptado originalmente la propuesta del gobernante de la Sajonia Electoral. Carlos V sabía que tendría que respetar lo estipulado por las leyes alemanas.

Los preparativos de la dieta siguieron su curso. El partido papista presionaba al emperador para que declarara a Lutero delincuente en las tierras imperiales. Pero también Federico el Sabio continuaba su labor diplomática. Camino a Worms había negociado una entrevista personal con el emperador Carlos V. En ella de nuevo le solicitó que permitiera a Lutero ser escuchado en la dieta. El joven emperador mostró mucho respeto por Federico el Sabio y por fin accedió a su petición de salvoconducto para Lutero, afirmando que no sería dañado físicamente el monje que había desafiado al Papa.

Lutero, sin embargo, no tenía tiempo para prestar atención a las intrigas políticas de sus oponentes. Se encontraba muy ocupado escribiendo respuestas a escritos polémicos de los simpatizantes papistas. Incluso se ocupó de escribir unos sermones para la estación de Adviento. Además comenzó su comentario al *Magnificat*, que dedicó al joven príncipe Juan Federico, sobrino de Federico el Sabio, quien se convertiría en el elector años más tarde. Y continuó presentando sus segundas lecciones sobre los Salmos, el *Operationes in Psalmos*. Estas fueron concluidas más tarde durante su exilio en Wartburgo.

Tomemos un momento en esta historia para hacer varios comentarios sobre la teología de Lutero en estos dos escritos significativos.

Operationes in Psalmos (1519-1521)

Durante estos años tumultuosos en que Lutero se prepara a enfrentar a Roma, se dedica a enseñar por segunda vez los Salmos. Llegó a impartir clases solamente hasta el Salmo 22, cuando tuvo que ir a comparecer ante la dieta de Worms. Es importante mencionar este escrito de Lutero pues es muy significativo en el desarrollo de su discipulado de la cruz y su formación como líder espiritual de la Reforma. Esta obra nos lleva a ver su profunda fe evangélica anclada en Cristo Jesús. Los temas de la justificación por la fe sola, la corrupción total humana, la inhabilidad para salvarnos por medio del libre albedrío y las buenas obras persisten en su vida reformadora. Pero aquí es bueno destacar su relación a Cristo, y su discipulado bajo la cruz, como temas importantes de su vida evangélica. Este escrito demuestra, como observa Marc Lienhard: "Que para el Reformador, una ortodoxia que no sea también una ortopraxis es inconcebible"[3].

Lutero muestra en estas clases una profunda comprensión del discipulado activo en el camino de la cruz. Así reflexiona sobre el Salmo 3 [:2]: "Para un acogimiento genuino de Cristo Jesús tenemos que abrazar la disciplina y la cruz, y, como Pablo dice, 'tener comunidad con Cristo en sus sufrimientos.' Pues de otra forma, muchos pueden confesar que conocen a Cristo, mientras sus hechos lo niegan. Pues no es el que habla sobre Cristo, sino aquel que vive de acuerdo a Cristo crucificado, que será salvo"[4]. Aquí Lutero expresa la doctrina de la expiación vicaria, no como una explicación fácil para pacificar nuestras conciencias. Demuestra también que la historia de la salvación de Dios como el Dios crucificado nos ampara y nos ayuda.[5] Así Dios toma un lugar activo con nosotros en nuestras angustias. Destaca aquí el Reformador el discipulado de la cruz. Bajo la justificación de Dios, ocurre el más dulce de los eventos: Cristo intercambia su justicia por nuestra injusticia y así vive en nosotros. Es en esa presencia y vida que Lutero toma la praxis más intensiva en su camino de la cruz. En este camino su teología consiste en vivir bajo lo que Dios demanda a favor de otros en la causa evangélica. Así exclama Lutero en las palabras más memorables de las *Operationes in Psalmos:* "Se llega a ser teólogo al vivir, morir y también al ser condenado; y no por intelectualización, ni por la lectura, ni por especulación"[6]. De aquí parten su gran fervor y consolación durante su crisis reformadora.

El Magnificat (1521)

Este es un comentario para meditación que Lutero escribió durante aquellos días tempestuosos del 1521. En este comentario Lutero le ofrece consejos al joven Juan Federico sobre cómo ser un buen gobernante cristiano: Debe ser gobernado bajo la gracia de Dios a favor de sus sujetos[7]. Lo significativo de este comentario es que exhorta a su futuro gobernante a ejercer su justicia bajo la voz ejemplo de la "dulce Madre de Dios". Lutero toma esta meditación del cántico e himno de María en Lucas 1:46-55. Es el canto que María entona después de haber recibido el saludo tan significativo de su prima Elizabeth. El mismo, además de ser un famoso himno y poema bíblico, es también una profunda expresión de la vida del cristiano en medio de las vicisitudes. Y la persona que asume ese rol importantísimo como discípula de la cruz es María, la madre de Dios. En el contexto hispano americano es importante destacar esta obra de Lutero. Muchas veces entre los pueblos Latinoamericanos el rol de María se desecha de la proclamación evangélica. Si alguien le presta atención se acusa de mariolatría. Pero para Lutero la voz y papel de María son muy importantes para la fe evangélica y en conocer nuestro discipulado de la cruz[8]. Aquí quisiéramos destacar dos puntos de esta obra.

Primero, se ve que Lutero reconoce que Dios puede y da a las mujeres el poder del Espíritu de Dios para hablar y proclamar su Palabra revelada. En el caso de María esto lo hace, como en los apóstoles, sin mediación ninguna. Así es como Lutero comienza su introducción a la obra: "Para comprender este cántico sagrado es preciso advertir que la bendita Virgen María habla por la propia experiencia, mediante la cual ha sido iluminada y aleccionada por el Espíritu Santo sin mediación alguna"[9].

Segundo, continúa en la misma introducción, "Y nadie puede recibir esta lección del Espíritu a no ser que lo experimente, lo sienta y lo perciba. Mediante esta experiencia el Espíritu Santo nos alecciona, como si se tratase de su escuela, fuera de la cual no se enseña otra cosa que apariencias y palabrería. Así, pues, al experimentar la santa virgen en su propia persona que Dios obra en ella semejante portento, a pesar de su humildad, insignificancia, pobreza e inferioridad, el Espíritu Santo le enseña este profundo conocimiento y sapiencia de que Dios es un Señor cuyas acciones no son otra cosa que ensalzar lo humilde, y abatir lo alto, es decir, en pocas palabras, romper lo que está hecho y rehacer lo que está roto"[10]. Es María una verdadera teóloga de la cruz. María, bajo su proclamación en el Espíritu, toma un lugar privilegiado en ese himno. Demuestra la verdadera sabiduría de Dios bajo la cruz, pues rompe ella misma los lugares de privilegio. María, como su hijo, y por motivo de su hijo, camina en el amor de Dios a favor de los desvalidos. Así revela el amor y la compasión de Dios. Se ve de nuevo en este comentario la teología de la cruz de Lutero. La voz de María declara que no se puede separar la ortodoxia de la praxis de Dios.

La dieta de Worms

Finalmente la persona que llevó la convocatoria para que Lutero acudiera a la dieta llegó a Wittenberg el 26 de marzo de 1521. La convocatoria no se refería a la revocación de sus escritos. Después de las actividades de Semana Santa de ese año partió rumbo a Worms el 2 de abril. Iban con él el representante imperial, su colega y amigo Nicolás Amsdorf y otro monje agustino. Justo Jonás se unió al grupo a su paso por Erfurt. En el trayecto la comitiva iba recibiendo manifestaciones de apoyo. La gente en ciertas partes formó una muchedumbre alrededor del carruaje. Era impresionante para todos ver que frente al carruaje de Lutero, a poca distancia, iba el representante imperial exhibiendo un estandarte de Carlos V. Finalmente Lutero llegó a Worms el 16 de abril a media mañana.

Al día siguiente Lutero recibió instrucciones para presentarse por la tarde a la residencia oficial del obispo. Fue finalmente llevado al no muy grande salón donde estaban los gobernantes y otras personas. Ante la mirada atenta de todos, recibió la introducción protocolaria. Inmediatamente después le administraron dos preguntas en latín y en alemán. La primera se le hizo señalando a un montón de libros que Aleandro previamente había colocado en cierto lugar:

—¿Son estos libros suyos?— Sin esperar su respuesta, un asesor legal de Sajonia Electoral inmediatamente intervino pidiendo que se leyeran los títulos de los libros. Lutero avanzó hacia donde estaban los libros y después de revisarlos superficialmente declaró que él era su autor. Inmediatamente la segunda pregunta le fue dirigida:

—¿Estás dispuesto a retractarte del contenido de los libros?

Lutero procedió a afirmar que algunos libros trataban de temas diversos: la fe, la salvación y la Palabra de Dios. Sopesando la pregunta y sorprendido por el procedimiento tuvo que pedir que se le diese tiempo para emitir su contestación. Expresó brevemente que había acudido a Worms pensando que tendría oportunidad de explicar ampliamente sus argumentos. No estaba dispuesto a tratar la verdad de Dios con un simple sí o no.

Tras una breve consulta de los consejeros imperiales, la petición de Lutero fue concedida. Pero se agregó la condición de que al día siguiente acudiera preparado a dar contestación directa a la pregunta sin leer su respuesta. Volviendo a su habitación, Lutero se sumergió en sus pensamientos. Incluso hizo notas que aún existen, las cuales reflejan que escribió cuidadosamente varias versiones parecidas a su famosa respuesta.

Al día siguiente el escenario al que fue llevado cambió. Se trataba ahora de un salón más espacioso, y también acudió todavía más gente a escuchar a Lutero. Para responder a la pregunta, Lutero dividió sus libros en tres categorías:

El primer grupo de libros trataba de la práctica de la vida cristiana. Estos libros sus jueces no le exigirían negar pues contenían verdades bíblicas. El segundo grupo trataba el tema del papado. Afirmó que si se retractase de ellos sería equivalente a apoyar la tiranía de una enseñanza anticristiana. Lutero afirmó que el Papa y la curia romana habían destruido al cristianismo en cuerpo y alma. La invención de la ley canónica había terminado esclavizando las conciencias de los cristianos. Las fuertes palabras de Lutero provocaron que el emperador se molestara visiblemente. Acto seguido Lutero describió al tercer grupo de sus libros afirmando que trataba sobre los enemigos del evangelio, es decir, los defensores de la tiranía del Papa. Aceptó que en algunas ocasiones había utilizado un vocabulario fuerte y solicitó comprensión ya que estaba defendiendo las enseñanzas de Cristo. Pidió que si alguien le señalaba sus errores fundamentándose en los escritos proféticos y apostólicos, no sólo se retractaría de ellos sino que él mismo sería el primero en lanzar al fuego sus escritos. La verdadera causa era el evangelio.

Entonces se le pidió que repitiera su respuesta en latín. Cuando casi hubo terminado se le preguntó bruscamente si deseaba o no retractarse de sus escritos diciendo sí o no. Lutero contestó en latín: "Ya que su majestad y sus señorías desean una respuesta simple, se las daré en este modo directo: Si no me convencen mediante el testimonio de las Escrituras y con argumentos razonables— ya que no confío ni en el Papa ni en los concilios pues es bien conocido que con frecuencia se han equivocado y se han contradicho unos a otros— mi conciencia es cautiva de la Palabra de Dios. Por lo tanto no puedo, tampoco deseo retractarme de nada ya que ir en contra de la conciencia no es bueno ni es correcto". Al final pronunció en alemán: "Dios me ayude. Amén"[11]. El segundo volumen de la edición de 1546 de las obras de Lutero incluyó además las palabras: "Aquí estoy, no puedo hacer otra cosa", palabras que son probablemente las más famosas de sus respuestas.

Después de un breve diálogo generado en medio de una conmoción general Lutero afirmó que podía probar lo que había dicho sobre los concilios. En ese momento el emperador ordenó que Lutero fuera conducido hasta su posada. Al llegar a la entrada la gente se aglomeró. Lutero levantó sus brazos en señal de victoria y se introdujo al edificio. Mientras tanto en el salón donde se reunieron los gobernantes se dio por terminada la sesión de ese día.

Al día siguiente Carlos V leyó un discurso breve donde pidió que se condenara a Lutero como un hereje contumaz. Dejó muy claro que estaba determinado a defender la fe católica y a la iglesia de Roma como lo habían hecho sus antecesores. Terminado el discurso pidió a los electores que expresaran su voto. La mayoría votó en contra de Lutero. Dos de los electores se opusieron. Uno de ellos, hay que consignarlo, fue Federico el Sabio.

En los días siguientes se efectuaron una serie de reuniones con Lutero de las cuales poco se sabe. Esas reuniones se llevaron a cabo con varios grupos. El objetivo principal era hacerlo retractarse. Sin embargo, todos fracasaron. Lutero no deseaba mezclar sus principios en materia de fe con los asuntos meramente políticos. En cambio insistía en que se celebrara pronto un concilio para reformar la iglesia y no solamente para discutir asuntos de teología. Una noche repentinamente aparecieron varios anuncios colocados en la oficina de gobierno de la ciudad de Worms en donde se manifestaba que habría de ocurrir un levantamiento armado contra los gobernadores del imperio a causa de las injusticias que los campesinos sufrían. Nadie supo quiénes fueron los autores de aquellos anuncios, pero lograron infundir cierto miedo entre los visitantes a Worms. Para la tarde del 25 de abril, Lutero recibió las instrucciones de parte de las autoridades imperiales para abandonar Worms. El emperador le extendió un salvoconducto y le hizo saber por medio de los enviados que procedería oficialmente en su contra. Se le pidió además que no publicara nada ni predicara en el viaje de retorno.

Poco después Lutero supo secretamente que durante su viaje de regreso sería secuestrado por instrucciones de Federico el Sabio. Éste anticipó correctamente que se sospecharía de su participación en la desaparición de Lutero. Por lo tanto dio instrucciones para que ni siquiera a él mismo le revelaran el lugar a donde llevarían a Lutero. Así podría negar todo conocimiento cuando se le preguntase dónde se encontraba Lutero. Antes de su salida de Worms, Lutero dirigió una misiva al emperador donde les agradecía a él y al resto de los gobernantes que le permitieron dirigirse a la dieta. Pero igualmente lamentaba que no habían llegado a un acuerdo debido a que no había recibido ninguna instrucción basada en la Biblia para hacerlo cambiar de parecer.

En la mañana del 26 de abril de 1521 Lutero inició su viaje de regreso a Wittenberg acompañado de varios de sus amigos. En el viaje de retorno se dio el tiempo para visitar a familiares en el área de Mohra durante los primeros días de mayo. Una vez despedida la guardia imperial que le acompañó desde Worms, se realizó el planeado secuestro. El lugar a donde lo llevaron se llamaba Wartburgo, un conocido castillo cercano a la ciudad de Eisenach.

Mientras tanto la dieta siguió sesionando hasta fines de mayo. El 25 de ese mes, el emperador publicó el edicto donde se declaraba permanentemente proscrito a Lutero dentro de las tierras imperiales. Se prohibía darle albergue, alimentos o bebida a Lutero. Se exhortaba a apresarlo y a entregarlo inmediatamente a las autoridades imperiales. A este documento se le conoce como el "Edicto de Worms". Hasta donde sabemos jamás fue revocado por ningún emperador. Lutero vivió el resto de sus días excomulgado de la Iglesia Romana, como hereje declarado y proscrito en el imperio. Pero en su conciencia sólo la Palabra de Dios tenía autoridad.

---

[1] Véase García-Villoslada, I:453-582; Atkisnon, 221-37; Bainton, 130-226; Von Loewenich, *Martin Luther*, 151-200; Schwiebert, 481-512; Marius, 275-98 sobre los datos históricos narrados en este capítulo.
[2] Schwiebert, 490-91.
[3] Lienhard, *Luther: Witness of Jesus Christ*, 137.

[4] WA 5, 81, 3-9. Traducción de ALG.
[5] Comp. Alberto L. García, Theology of the Cross, Tesis Doctoral, 262-92.
[6] *Vivendo, immo moriendo et damnando fit theologus, non intelligendo, legendo aut speculando* (WA, 5:163, 29-30). Traducido por ALG.
[7] OML 6, 378.
[8] OML 6, 377-436.
[9] OML 6, 380.
[10] OML 6, 380.
[11] Bainton, 204.

10
El exilio en Wartburgo

𝒟urante su exilio en Wartburgo, Lutero no se quedó quieto. El movimiento de reforma empezaba a tomar paso firme en varios lugares, teniendo a Wittenberg como centro. Wittenberg, sin embargo, de pronto careció del liderazgo de Lutero.

En Wittenberg había otros hombres que Lutero pensó contribuirían positivamente a la Reforma. Su primera carta desde Wartburgo fue dirigida a Melanchthon el 12 de mayo, ocho días después de entrar en su exilio. Lutero tenía gran confianza en el joven erudito. Estaba también convencido de que éste podía tomar su lugar en Wittenberg muy efectivamente. Melanchthon ya había escrito su primera versión de los *Loci comunes* en 1521. Así se intituló el primer libro dogmático evangélico, el cual contenía las ideas que motivaron al movimiento reformador. Lutero apreciaba mucho este escrito. Desde Wartburgo, Lutero se preocupaba mucho, especialmente por Melanchthon, ya que el joven se sentía con una grande carga por la causa de la Reforma, y por las posibles rebeliones que conspiraban ya en Wittenberg.[1] Lutero lo animaba y consolaba desde Warturbo. Es desde allí donde Lutero le recomienda a Melanchthon que "pecara con valor". Esta frase ha sido mal interpretada en la vida del reformador. Sería apropiado citar, entonces, lo que en realidad Lutero le aconseja a su amigo por medio de una carta el 1 de agosto: "Si eres predicador de la gracia de Dios, entonces predica la pura gracia y no una gracia ficticia; si esta gracia es verdadera, entonces debes de cargar con un pecado real y no ficticio. Dios no salva a pecadores ficticios. Sé, entonces, un pecador, y peca con valor, pues él es victorioso sobre el pecado, la muerte y el mundo... Ora también con valor— tú que eres un pecador formidable"[2]. La preocupación de Lutero es pastoral y se ocupa del pecado que abruma a su amigo. Ese es el contexto de esta carta. Con ese espíritu pastoral Lutero les escribe también durante este período de su "exilio en Patmos" a Spalatin, Amsdorf, Justus Jonas, Johann Agrícola, Johannes Bugenhagen y Carlstadt, sus compañeros en la causa de la Reforma. Johannes Bugenhagen fue uno de los que se habían integrado al grupo reformador durante este período. Bugenhagen inmediatamente había causado grata impresión en Lutero.

En el castillo de Wartburgo, Lutero fue alojado en una alcoba aislada. A muy pocos se les permitía tener acceso al área donde estaba dentro del castillo. Durante las primeras semanas Lutero estuvo incomunicado de todo contacto exterior por motivos de seguridad. La gente lo empezó a conocer como el "Caballero Jorge". Le habían recomendado que se dejara crecer la barba, y especialmente el cabello para eliminar la tonsura. Una vez que pasó el tiempo y se logró esto, la apariencia de Lutero cambió considerablemente e impidió su rápido reconocimiento.

Lutero se quejaba al principio de que sin trabajo sus ansiedades se incrementaban. Son conocidos sus comentarios de que durante esos días en Wartburgo tenía batallas personales contra el diablo. Es famoso aquel supuesto incidente en que Lutero le lanzó el tintero al diablo, manchando la pared del cuarto donde se alojaba. Lo cierto es que sus ansiedades personales (*Anfechtungen*) eran una realidad. También su dieta de caballero en vez de fraile no favorecía su salud. Ya para julio quería ir al médico en Erfurt, pero la plaga lo impidió. Spalatin lo ayudó con alguna medicina pero Lutero se encontró bastante molesto y enfermo por varios meses. Esto les preocupaba grandemente a él y sus amigos.[3]

El retiro en Wartburgo, nombrado por Lutero como su exilio en Patmos, no fue un periodo vacacional, aun cuando apreciaba mucho la paz de las montañas. Los aproximadamente diez meses que pasó en Wartburgo fueron un periodo muy productivo de su vida. Mantuvo una correspondencia secreta con sus más cercanos colaboradores, como ya hemos notado. Lutero también se mostró ansioso de continuar su defensa del evangelio. Pidió a sus amigos que le hicieran llegar ciertos libros lo más pronto posible. Su intención era terminar los varios documentos que anteriormente había empezado a

El exilio en Wartburgo

escribir, entre los que se encontraban *El Magníficat* y la colección de sermones llamada *Postiles*. Su motivación en escribir estos sermones fue dar a los pastores el ejemplo de usar en su predicación principalmente el mensaje claro del evangelio en vez de leyendas sagradas o moralismos. Terminó de escribir el primero a principios de junio de 1521. No demoró en hacérselo llegar a Spalatín para que viera por su publicación.

Durante su permanencia en Wartburgo, Lutero pudo ver mejor el papel que él desempeñaba para llevar a cabo la reforma de la iglesia. Si en verdad anhelaba la ejecución de esa reforma, en este tiempo se dio cuenta de que tendría que romper con la iglesia romana. Lamentó esta idea profundamente. La verdad del evangelio que su conciencia le dictaba defender fue la razón por la cual determinó el rompimiento que debía hacer. Cuando Lutero fue notificado en Wartburgo del edicto en su contra, se entristeció de que el Emperador hubiera atendido a sus consejeros personales. En estas circunstancias, el Reformador con relativa confianza aquilató mejor la protección que Federico el Sabio le brindaba en Wartburgo.

Uno de los más prominentes enemigos de Lutero fue un profesor de la Universidad de Lovaina de nombre Jacobo Latomo. Este había decidido escribir en contra de Lutero, especialmente para respaldar a su universidad en la condena del Debate de Leipzig. Lo criticó en particular por sus comentarios notablemente irrespetuosos hacia la curia romana. Pero en el desmedido afán de Latomo por defender al Papa colocó a éste por encima del mismo Hijo de Dios. Latomo también argumentó a favor del libre albedrío, tema que después Erasmo trajera a la discusión. Cuando cayó el documento de Latomo en las manos de Lutero inmediatamente determinó responder. Durante el mes de junio, casi sin demorar, Lutero contestó en un escrito intitulado *Contra Latomo* [4]. Este llegó a ser uno de los escritos más significativos de la Reforma.

Durante esos días únicamente contaba con la Biblia y su memoria como recursos. Así y todo, *Contra Latomo* es para no pocos estudiosos un documento en donde Lutero expuso su pensamiento en forma clara sobre las doctrinas acerca de la justificación por la fe debido a la gracia divina, la naturaleza del pecado y del ser humano, y la autoridad de la Biblia. Además Lutero enfatizó el papel de la gracia divina en la salvación. Afirmó igualmente que la gracia era un don divino, y no una cualidad del alma después del bautismo, y que de ningún modo el ser humano podía inclinarse para merecer su salvación a los ojos de Dios. La salvación se lograba sólo por la misericordia plena o total del mismo Dios. Además manifestó no estar dispuesto a aceptar la idea de que alguien pudiera ser más grande que Jesucristo, como afirmaba Latomo en su intento por justificar la tiranía del Papa. Tampoco favorecía la filosofía escolástica promovida por Tomás de Aquino. La riqueza del pensamiento teológico de Lutero es prominente en este escrito, el cual es menester leer con detenimiento porque en cierta manera fue la base de la respuesta que años más tarde daría al humanista Erasmo en su debate sobre el papel de la voluntad humana en la salvación.

Mientras tanto sus escritos empezaron a difundirse por toda Alemania. Debido a ellos, la gente se percató de que Lutero no estaba muerto, como muchos habían especulado. Después de la Dieta de Worms creció la estima del pueblo alemán hacia él. El pueblo lo empezó a considerar como un héroe que se enfrentaba a los poderosos de su época—el Emperador y el Papa.

En Wittenberg las cosas empezaron a tomar un curso imprevisto. Andreas Carlstadt, apoyado por el monje agustino Gabriel Zwilling, promovió algunas reformas en Wittenberg. Carlstadt empezó su propuesta de reforma con el tema del celibato de los sacerdotes. Encomendaba decididamente a los sacerdotes a contraer matrimonio. Como segunda propuesta recomendó que los monjes y monjas abandonaran los monasterios y sus votos de castidad al casarse y llevaran una vida normal de laicos. Algunos monjes respondieron positivamente.

Cuando Lutero supo por medio de la correspondencia sostenida con Melanchthon sobre estas reformas impulsadas por Carlstadt reaccionó con sorpresa. Esta información lo obligó a acudir a las Escrituras buscando una explicación bíblica. Por un lado estaba claro para él que el celibato de los sacerdotes no estaba respaldado por las Escrituras. Pero tampoco esta dispuesto a pasar por alto los votos que un sacerdote había hecho en buena fe.

Lutero continuó durante meses articulando una reflexión más clara sobre este tema. En noviembre de ese año escribió un documento que se intitula *Juicio sobre los votos monásticos* y que dedicó a su padre Hans.[5] En él derrumba los fundamentos en los que la iglesia medieval había elaborado el sistema monástico. Cabe aclarar que Lutero, a diferencia de Carlstadt, no estimulaba abiertamente a los monjes a contraer nupcias, a abandonar los monasterios o a cualquier otra acción drástica. Más bien permitió que la decisión la tomasen los propios interesados. Recomendó que a los monjes que quisiesen seguir recluidos se les dejase en paz, pero a aquellos que optaran por abandonar los monasterios se les permitiera tomar esa acción sin ser objeto de ningún escarnio.

Poco después Carlstadt alarmó seriamente a la feligresía de Wittenberg al anunciar que quien no recibiera el vino al participar de la Santa Cena estaba cometiendo un pecado. Apoyándose en esto, Carlstadt recomendaba que a tal persona le fuera mejor abstenerse de comulgar. También ordenó eliminar la música de órgano y las imágenes en los templos.

Mientras esto sucedía un buen número de monjes estaba abandonando los monasterios. Wittenberg vivió momentos de verdadera inquietud. Nuevamente Lutero reaccionó escribiendo a principios de noviembre un documento donde trató el tema de la abolición de las misas privadas. Lutero recibió entonces sobre la alarma que prevalecía entre la gente en Wittenberg por las medidas de reforma que se estaban efectuando. El desalojo forzoso de sacerdotes de iglesias mientras se encontraban dirigiendo misas, así como la lapidación de ventanas de las casas de varios sacerdotes aumentaba la consternación. Por tales sucesos Lutero hizo una visita inesperada a Wittenberg para observar la situación. Algunas medidas fueron del agrado de Lutero, pero otras le inquietaban y motivaban en él una seria reflexión. Para ese entonces se había dado cuenta de que los envíos a Spalatín de varios de sus documentos no habían sido difundidos según su solicitud. De pronto percibió que Spalatín obedecía fielmente al elector Federico quien podría disgustarse por algunos de los principios teológicos de Lutero. Usando un tono fuerte le escribió demandándole el envío de sus escritos para que fueran finalmente publicados. Spalatín respondió positivamente enviándole dos de los tres documentos que Lutero exigía. Después de seis días, Lutero regresó a Wartburgo más convencido que nunca de que la Reforma debía avanzar.

Ya de regreso, Lutero dejó de dedicarse exclusivamente a contestar los ataques que recibió de varios individuos, y a reaccionar sobre los eventos que inquietaban a Wittenberg y a otros lugares. Su mayor aportación a la Reforma en esos días fue la traducción del Nuevo Testamento al alemán. Este trabajo lo completó en sólo dos meses y medio, lo cual atestigua sobre la actividad casi frenética de Lutero durante esa temporada. Lutero también consideró realizar la traducción del Antiguo Testamento. Pensaba que debía mucho a la Biblia, pues ella fue quien le reveló a Cristo, la salvación de su alma. Su deseo de compartir la *Biblia* con todo su pueblo era inmenso. Igualmente su deseo era auténticamente misionero, pues quería que el pueblo fuese expuesto a las verdades divinas expresadas y reveladas en las páginas sagradas.

Es verdad que para ese tiempo existían traducciones de la Biblia al alemán. Pero es igualmente cierto que aquellas traducciones no habían sabido llegar al lenguaje común del pueblo alemán, algo que Lutero se propuso lograr desde el inicio. Lutero tomó como punto de partida el idioma usado por la corte diplomática de Sajonia, pero incorporó también varias expresiones del pueblo. Su genio fue el de traducir usando un idioma aceptable por todo el pueblo alemán. En aquella época los dialectos alemanes abundaban. Por esta razón el alemán utilizado por Lutero terminó convirtiéndose en el idioma primario del pueblo alemán. Este logro fue de paso una contribución más a la literatura y unión de su pueblo. Así lo alabó años después Goethe, genio literario del siglo XVIII.[6] Su traducción sería distinta, pues tomó como base el texto griego preparado por Erasmo en 1519, el cual iba acompañado por una traducción al latín. Además Lutero contó con el texto de la *Vulgata latina*.

La tarea de traducción fue una empresa difícil si consideramos que Lutero no contó con muchos recursos. Hay personas que han criticado la traducción de Lutero afirmando que su traducción fue considerablemente deficiente por su falta de conocimiento del idioma griego, y que no fue un trabajo original. Ambas acusaciones carecen de fundamento. Lutero sabía griego aunque cuando no era experto en este idioma como lo fue Melanchthon. Sin embargo, Lutero continúa sorprendiendo a la mayoría de eruditos del griego por los detalles de traducción fiel al texto y por el uso de un vocabulario muy apegado al de la gente de esos días. A Lutero le ayudó notablemente el hecho de que conocía en profundidad el texto de la Biblia según las palabras de la *Vulgata latina*. Melanchthon en su tiempo ya vio la proeza hecha por Lutero al declarar que "Bugenhagen es un erudito de la gramática, y yo de la dialéctica, y Justo Jonás es un excelente orador, pero Lutero lo es todo a la vez; nadie se puede comparar a él". Meses después, tras una leve revisión hecha por Melanchthon y

Spalatín y luego de agregar unos comentarios introductorios a los libros del Nuevo Testamento, la traducción fue enviada a la prensa. A esta primera edición se le ha conocido como *El Testamento de Septiembre* porque fue en ese mes del año 1522 que la imprenta lo completó. Según informes, la primera edición del *Testamento de Septiembre* se vendió tan rápidamente que para el mes de diciembre ya existía una reimpresión.

Vale la pena agregar que Lutero no quedó satisfecho únicamente con poner el Nuevo Testamento a la disposición del pueblo alemán. De hecho unos pocos días después de septiembre de 1522 empezó en Wittenberg su traducción del Antiguo Testamento. El trabajo de traducción contó esta vez con el asesoramiento de los mejores maestros de hebreo en Alemania. La traducción del Antiguo Testamento, sin embargo, llevó a aquel equipo de asesores varios años. La publicación de la traducción del Antiguo Testamento se efectuó en tres volúmenes, dos de los cuales aparecieron en 1523 y 1524 respectivamente, y el tercero en 1532. Lutero, sin embargo, continuó puliendo la traducción prácticamente durante toda su vida.

Pero mientras Lutero trabajaba arduamente en la traducción del Nuevo Testamento, la correspondencia que recibía le informaba de nuevos disturbios en Wittenberg causados principalmente por Carlstadt. Zwilling había abandonado Wittenberg a fines de 1521. Carlstadt había alarmado a los asistentes a la iglesia de la ciudad el día de Navidad de 1521. Durante la misa se había presentado ante la feligresía sin portar las vestimentas de un sacerdote. Pero no sólo ocurrió eso. Cuando llegó a la celebración de la Santa Cena consagró los elementos en idioma alemán y después procedió a ofrecer a los comulgantes el pan y el vino por primera vez. Hay que recordar que la liturgia se hacía en latín y sólo se distribuía el pan a los comulgantes. La copa era reservada únicamente para el sacerdote. Aun cuando Lutero no se hubiera opuesto a esta manera de oficiar en la iglesia por parte de Carlstadt, el problema esta en que éste lo hizo sin haber propiamente preparado a la feligresía.

Pocos días después de la Navidad, las cosas se turbaron aun más cuando llegaron a Wittenberg tres hombres que se presentaron ante Melanchthon. Procedían del pueblo de Zwickau, lugar que vendría a ser especialmente conocido en la historia de la Reforma unos años más tarde. Zwicaku se encontraba en una región donde el movimiento husita desde hacía algún tiempo había influido. Cuando dialogaron con Melanchthon, aquellos hombres expresaron con orgullo que habían tenido visiones personales de parte de Dios. Melanchthon especialmente se turbó cuando escuchó que los tres dudaban de la validez del bautismo de infantes. En vista de su incompetencia para proceder con aquellos visitantes, Melanchthon escribió a Federico el Sabio solicitándole que le pidiera a Lutero que interviniera. Federico sólo respondió que Melanchthon se alejara de los visionarios y se negó a acudir a Lutero.

Mientras tanto, Carlstadt encontró una buena recepción entre el pueblo en Wittenberg. El día de Año Nuevo de 1522 cerca de mil personas tomaron la Santa Cena bajo las dos especies. Pronto esta costumbre fue adoptada en otros pueblos. El aparente respaldo que Carlstadt sintió de parte del pueblo lo sobre entusiasmó, de modo que llegó a creer ser el dirigente indiscutible del movimiento de Reforma. A fines de enero de 1522, en una ceremonia muy anunciada, celebró su matrimonio.

Pero Carlstadt no tenía el control de la iniciativa de las medidas reformatorias en Wittenberg. La prueba de esto se dio cuando los monjes agustinos despojaron a la capilla del monasterio de iconos y de los altares pequeños colocados a los costados de la nave. Después quemaron el aceite consagrado para usarse en el rito de la preparación para la extrema unción.

Los disturbios iconoclastas continuaron por algunos días a pesar de las exhortaciones del consejo de la ciudad y del mismo elector. Las enseñanzas de los profetas visionarios se dejaron sentir en ciertas influencias que recibió Carlstadt. Una de ellas era el desprecio hacia la educación. Más tarde el mismo Carlstadt se autodespojó de sus títulos universitarios en su afán de aparentar ser lo más humilde posible y así obtener la estima del pueblo.

A fines de febrero se le informó a Lutero sobre los profetas visionarios de Zwickau y las acciones desmedidas de Carlstadt en Wittenberg y otros lugares. Tomó entonces la determinación de abandonar su refugio en Wartburgo para retornar a Wittenberg donde su presencia, según creía, era indispensable para el buen desarrollo de la Reforma. Luego de partir de Wartburgo, y encontrándose aún en viaje rumbo a Wittenberg le dirigió una carta, ahora famosa, a Federico el Sabio. En ella le agradeció su protección al impedirle caer en manos del Emperador y del Papa después de Worms, y especialmente después del edicto imperial de Worms. En aquella carta afirmó:

"Regreso a Wittenberg bajo una mayor protección que la del elector".

Aquella protección era la de Dios, cuya causa Lutero estaba convencido de defender frente a todos los ataques que se cernían en contra de la voluntad y obra de Dios. Así regresó a Wittenberg el 6 de marzo de 1522.

---

[1] Von Loewenich, *Martin Luther*, 202-04; Comp. García-Villoslada, II: 3-74; Bainton, 210-25; Schwiebert, 513-21, Marius, 299-316 y Kittelson, 152-78. Para una narración del exilio en Wartburgo.
[2] WABr 2, 372, 82; LW 48, 281-82.
[3] Von Loewenich, *Martin Luther*, 202.
[4] WA 8, 8, 36-128; LW 32, 133-260.
[5] OML 3, 87-221.
[6] Von Loewenich, *Martin Luther*, 209-11.

11
Las controversias internas y externas

Las controversias internas: Andreas Carlstadt y Tomás Muntzer

Una vez que Lutero se encontró de regreso en Wittenberg retomó la dirección del movimiento de la Reforma. En contraste, el doctor Andreas Carlstadt (1480-1541) comenzó a perder la estima de varios de sus colegas. Se recordará que mientras Lutero estuvo en el exilio en Wartburgo, Carlstadt se había apoderado de la dirección del movimiento. Varias iniciativas de Reforma realizadas por Carlstadt tenían un acento legalista, apresurado y drástico. Sin embargo fue la manera insensata en que Carlstadt las introdujo lo que perturbó la conciencia de no pocos, y de paso provocó reacciones de consternación entre más de un dirigente político y eclesiástico. Como resultado se precipitaron los disturbios en Wittemberg que indujeron a Lutero a adelantar su regreso del exilio[1].

Carlstadt opinaba que las medidas reformadoras de Lutero eran tomadas a medias y con mucha lentitud. Un documento que defendía las iniciativas de Carlstadt, así como su método para aplicarlas, tuvo que ser prohibido por el rector de la universidad para impedir una dañina desunión entre los teólogos. Además a Carlstadt ya no se le permitió dirigir la liturgia ni predicar en la iglesia de la ciudad, cosas que hacía frecuentemente sin contar con el permiso oficial de las autoridades de la iglesia. Sin embargo continuó con sus actividades normales en la iglesia del castillo, en donde tenía el oficio de archidiácono.

Como resultado de lo acontecido, Carlstadt se sintió lastimado en su orgullo personal. Esto a su vez provocó su distanciamiento de Lutero a pesar de que éste deseaba entrar en una relación amistosa con él. Carlstadt siguió enseñando en la universidad y siendo el decano de la facultad de teología. Poco a poco, sin embargo, se fue aislando de los demás.

La teología de Carlstadt en este período comenzó a tener una tendencia mística que manifestaba la influencia de los profetas de Zwickau. Para febrero de 1523 se despojó de la toga doctoral y la cambió por las vestimentas de un campesino. En un momento determinado, Carlstadt y Tomás Muntzer armonizaron en sus ideas de reforma. También es cierto que por un tiempo mantuvieron una activa correspondencia. Ambos compartían su desacuerdo con el estilo y las medidas de reforma de Lutero. Sin embargo, cada uno de ellos tenía su propia visión de lo que la Reforma de la iglesia debía ser[2].

El pensamiento teológico de Carlstadt una vez que se encontró fuera de Wittenberg fue tomando una dirección claramente mística. Por ejemplo, empezó a enseñar que la iglesia estaba constituida por auténticos cristianos que habían tenido en su espíritu, o internamente o por una experiencia mística[3]. Según su teología, cuando el cristiano poseía esta experiencia mística pasaba a ser considerado un elegido. El que una persona fuese elegida implicaba que debía apartarse de los demás. Con esta enseñanza mística, Carlstadt empezó a negar la validez del bautismo de infantes. Cada persona que fuera considerada elegida necesariamente tendría que pasar por una experiencia personal. Los niños tendrían que esperar a crecer para estar habilitados a recibir tal experiencia. Mantenía que la presencia de Jesús en el sacramento era únicamente de carácter simbólico. Igualmente las imágenes religiosas las consideraba ofensivas, y promovía su remoción de los templos. Lamentablemente sus seguidores tomaban dicha exhortación como una invitación a desalojar las imágenes de los templos y destruirlas.

A pesar de su amistad con Tomás Muntzer, Carlstadt se preocupó de que no se pensara de él como un agitador social o un promotor de la violencia. Durante esos días Tomás Muntzer estaba involucrado en el área de Alstedt en un movimiento de reforma que poseía tintes de sedición. También por esos días, la atención de Lutero se volvió a Muntzer, como Carlstadt había salido de Wittenberg. Lutero estaba informado de que Carlstadt y Muntzer habían cultivado una amistad cercana. El método de Muntzer para realizar la Reforma fue lamentablemente impositivo [4].

Cuando Carstadt supo que Lutero en una carta fechada el 4 de julio de 1524 lo había asociado con el método violento de Muntzer, convenció en las siguientes semanas al consejo de la ciudad de Orlamunde a invitar a Lutero a visitar el pueblo. La invitación le fue entregada a Lutero en Jena, lugar donde se encontraba de visita. Poco después Lutero se entrevistó con Carlstadt en un lugar cercano a Jena. Durante la entrevista, Carlstadt trató de convencer a Lutero de que no estaba asociado con la violencia de Muntzer. Para su sorpresa, Lutero aceptó dejar de asociarlo con Muntzer. Sin embargo, Lutero lo desafió al acusarlo de sostener la postura de los profetas visionarios de Zwickau. A su vez Carlstadt acusó a Lutero de estar volviendo a las enseñanzas papistas. Como respuesta a esta acusación recibida, Lutero lo invitó a escribir contra él proveyendo pruebas substanciales de la acusación. Incluso confirmó su desafío entregándole a Carlstadt una moneda de oro para financiar parcialmente los escritos.

La influencia nociva de Carlstadt continuó unos días más hasta que el duque Jorge determinó en septiembre de 1524 expulsarle de su territorio. Carlstadt a su vez empezó un peregrinaje por varios lugares. Además comenzó a culpar a Lutero de todos sus problemas. Como resultado la imagen de Lutero fue dañada. Para diciembre de ese año, Lutero supo que durante el mes de octubre, Carlstadt y su familia habían llegado a Estrasburgo. Recibió la noticia junto con una carta de Nicolás Gerbel donde se le informaba que en la misma congregación donde Martín Bucero—el reformador en aquella ciudad—servía, Carlstadt había causado agitaciones. La respuesta de Lutero a las acusaciones de Carlstadt se encuentra en una carta abierta que lleva por título *Contra los profetas celestiales acerca de las imágenes y los sacramentos* y que apareció en dos partes a fines de 1524 y principios de 1525 [5]. En esta carta Lutero identifica el centro del desacuerdo. Los puntos claves eran la interpretación de la ley y su función en la doctrina y la libertad cristiana. Pero Lutero especialmente critica a Carlstadt por no confrontar la postura violenta de Muntzer: "Estos profetas enseñan y sostienen también que deben reformar toda la cristiandad y establecer una nueva, de tal modo que deben estrangular a todos los príncipes e impíos para que sean ellos los señores en la tierra, y vivan entre puros santos. Esto lo oímos de ellos yo mismo y muchos otros. El doctor Carlstadt también sabe que son perturbadores y espíritus asesinos y que de ellos provino semejante desgracia. Esto le debería ser suficiente advertencia. Sin embargo no evita el trato con ellos. Y desea que yo crea que él no quiere causar rebelión y asesinato"[6]. Le preocupaba mucho a Lutero, no solamente la postura teológica de Carlstadt, sino su asociación con los que promulgaban la violencia como medio de dar bienvenida al Reino de Dios. Es preciso, entonces, ver como Lutero interpreta la obra de Tomás Muntzer.

Es durante el periodo en que estallan las guerras campesinas que la figura de Tomás Muntzer (ca. 1490-1525) sobresale en la vida de Lutero. Muntzer era un sajón que provino de Stolberg. Conoció a Lutero durante los días del Debate de Leipzig, y pronto fue ganado para la Reforma. Lutero poco después tuvo cierta injerencia para que Muntzer llegara a Zwickau. En 1521 se encontraba en Zwickau, ciudad que ya hemos mencionado en conexión con los profetas visionarios que emergieron de ese lugar y donde crearon ciertos tumultos que obligaron a los gobernantes a expulsarlos. Muntzer conoció a estos profetas con quienes mantuvo una comunicación cercana y recibió de ellos una influencia imborrable.

Es importante recalcar aquí que ya desde el siglo XIII existe este fervor apocalíptico, personificado y promulgado por Joaquín de Fiore (c. 1135-1202). Este predicador laico basándose en Apocalipsis 20, afirmó que la tercera etapa histórica sería la del Espíritu Santo. En esos días finales marcados por el Espíritu los seres humanos no necesitarían de iglesias o instituciones humanas. San Francisco de Asís en su testamento del 1226, fue influenciado por ese mismo Espíritu apocalíptico. Les pide a sus hermanos que vivan una vida de pobreza, como peregrinos y emigrantes, negando todo sistema dado a la riqueza y lujuria. Muntzer en la avenida apocalíptica encontraba el castigo de quienes perseguían la riqueza en perjuicio de los pobres. Muntzer es hijo, entonces, de estos visionarios medievales[7].

Precisamente debido a su asociación con estos profetas visionarios, Muntzer también se vio en la necesidad de abandonar Zwickau, en donde también proclamó que había obtenido revelaciones directas de Dios, al estilo de los profetas bíblicos. Siguiendo con sus constantes mudanzas se dirigió a Praga, y luego a la región de Turingia.

En esos lugares predicaba cómo Dios derramaba su Espíritu especialmente entre los escogidos en el nuevo orden. Esto llevó a varios campesinos en esos días finales marcados por el Espíritu a sublevaciones en esas areas.

Para fines de 1522, Muntzer empezó una correspondencia regular con Carlstadt, quien en ese momento era el dirigente de la Reforma en Wittenberg. En diciembre de ese año ambos tuvieron una reunión secreta donde diseñaron la estrategia a seguir para lograr la Reforma. La amistad de estos dos personajes se prolongó hasta la muerte de Muntzer en 1525. Ya hemos mencionado que tanto Carlstadt como Muntzer compartían una cosa: diferían de Lutero en cuanto al modo de aplicar las medidas reformadoras. A ambos les parecía que Lutero no estaba interesado en introducir verdaderos cambios en la iglesia, o que los cambios que promovía los hacía muy lentamente. Ambos estaban descontentos con la situación social que prevalecía. Muntzer fue el más destacado en expresar su manera de pensar en esta área. A Muntzer se le puede considerar un reformador revolucionario. Los partidarios de las ideas comunistas siempre han visto a Muntzer como el verdadero héroe de la Reforma[8]. Sin duda capitalizó el descontento de los representantes de las clases más pobres en la sociedad, especialmente entre los campesinos. Pero hay que entender, no obstante esas interpretaciones seculares, que su visión revolucionaria partía de su visión apocalíptica de una nueva era. Notemos un ejemplo de este fervor.

Un día de agosto en 1524, Muntzer fue llamado a Weimar a predicar ante el consejo de la ciudad y el duque Juan de la Sajonia electoral. Aprovechó la ocasión para predicar un famoso sermón basado en Daniel 2. En este sermón, argumentó que los guerreros y profetas en los libros del Antiguo Testamento mataron a los idólatras. Poco después Federico el Sabio consultó con Lutero sobre lo que Muntzer estaba haciendo. Como respuesta a su solicitud, Lutero recomendó que los miembros de la facultad de teología de la Universidad de Wittenberg tuvieran un diálogo con Muntzer. Ante la negativa de éste, se vio entonces en la necesidad de trasladarse a Muelhausen, una importante ciudad en aquella época. Muntzer, teniendo un recelo enorme hacia Lutero, dirigió en su contra un denigrante documento impreso en Nuremberg que intituló *Contra la carne podrida de Wittenberg* [9]. En este documento, Muntzer lanzó hirientes insultos contra Lutero. Además directamente incitó a la gente a levantarse en armas contra los tiranos enemigos del evangelio. Afirmaba que en el pueblo recaía la responsabilidad de alcanzar su libertad, y que una vez alcanzada Dios mismo reinaría sobre ellos.

El movimiento campesino había existido antes que Lutero iniciara sus protestas contra los abusos de las indulgencias. En la historia de los estados alemanes existen datos de varios levantamientos en contra de los gobernantes. Hay que recordar que aun el mismo Carlos V en los primeros años de su gobierno en la península ibérica había impuesto su poder, por ejemplo en Villamar, aplastando sangrientamente a los comuneros.

La causa campesina era justa y tenía dirigentes sensatos. Varios de ellos hicieron conocer sus peticiones en un documento al que llamaron *Los doce artículos*, del cual hubo varias versiones que aparecieron en diversos lugares de Alemania. En este documento desplegaron sus demandas a los gobernantes. En él no amenazaban en acudir a la violencia si no se cumplían sus demandas. Las demandas no sólo trataban sobre asuntos de pago de impuestos, de trabajo y de leyes, sino que también solicitaban ciertas reformas religiosas. Entre ellas estaba la de elegir a sus propios pastores, así como la seguridad de que sus diezmos servirían para el mantenimiento de sus pastores, y no para sostener la vida de lujo de los obispos y otros dirigentes eclesiásticos. Lutero leyó este documento con atención y concluyó que en muchos aspectos lo aprobaba. En un documento aparecido en abril dirigido a la clase noble bajo el título de *Exhortación a la paz, en relación a los Doce artículos de los campesinos de Suabia,* [1525]. Lutero los amonestó a considerar las peticiones justas de los campesinos, y a cumplirlas para el bienestar de éstos y de la sociedad[10]. Aquí Lutero señala como culpables por la situación con los campesinos a los "príncipes y señores, en especial a ...[los] ciegos obispos e insensatos curas y monjes, quienes empedernidos... no [cesan] de arremeter contra el evangelio"[11]. Ve también en el carácter de esa autoridad secular maltrato y extorsión para costear sus lujos y altanerías. Así que Lutero toma la causa campesina. Lo que no quiere es sangre violentamente vertida ni anarquía.

Mientras tanto Muntzer ganaba seguidores con su carisma y reclamos de hablar por el Espíritu Santo, quien según él le daba revelaciones directamente. Esto no debe causar sorpresa porque con anterioridad Muntzer había recibido también la influencia de los anabaptistas. En Muelhausen, a mitad de 1524, logró integrar un pequeño ejército principalmente formado por campesinos, quienes eran instigados a través de sermones de Muntzer a tomar medidas violentas. Los campesinos procedieron a destruir todos los altares e imágenes de las iglesias. Una vez logrado esto, el pequeño ejército se lanzó a los monasterios y desalojó a los monjes. Después llevaron su violencia a otros lugares. Así pasaron cinco meses de caos. La rebelión campesina se manifestaba en muchos lugares. Muntzer entonces comenzó a gobernar sin dudar en ejercer la violencia contra todos sus opositores. Es bajo este estado que Lutero escribe su severo *Contra Las hordas ladronas y asesinas de los campesinos* (1525)[12]. Aquí Lutero insta: "Prosiga pues la autoridad con su acción, y con buena conciencia aplique duro castigo..."[13]. Lutero se basa en que los campesinos cometieron tres pecados abominables en sus acciones. Estos son: Primero, quebrantaron su obediencia y fidelidad a los gobernantes, como Pablo insta en Romanos 13. Segundo, instaron a la rebelión y destruyeron la propiedad de otros. Tercero, forzaron a otros cristianos a irse a la desobediencia y rebelión[14].

Esta es la paradoja del mensaje de Lutero. Afirma al desvalido pero también quiere mantener el orden cívico y la paz ya establecida en sus tiempos. Es preciso decir que en este punto Lutero no pudo discernir que la violencia también llegaba de aquellos que ya había condenado en su otra obra como avariciosos. El querer conservar el orden lo obligó a ser severo con quienes eran también oprimidos por las autoridades. Este es un punto donde la teología católica evangélica luterana tiene que tener cuidado en no cometer el mismo error. El tema tiene que ser más equilibrado y estudiado a la luz de la praxis del discipulado de la cruz. Este debe ser el punto clave interpretativo para corregir la severidad de Lutero. En la dialéctica de una teología de la cruz sobre la teología de gloria Lutero tenía que mantener la crítica severa sobre la acción de los gobernantes contra de los campesinos. Esto lo hizo al principio, pero luego lo abandono.

Hacia mediados de 1525 un buen número de las naciones alemanas estaba viviendo con levantamientos rebeldes encabezados principalmente por dirigentes campesinos y mineros. Antes de fallecer el 5 de mayo, Federico el Sabio recibió informes de la violencia que se vivía en gran parte de Alemania, incluyendo su amada Sajonia. Pero el fin de la violencia estaba por llegar, pues la respuesta de los ejércitos de los nobles no se hizo esperar. En la región de Alsacia se produjeron batallas que dejaron miles de muertos. Después las fuerzas de los gobernantes nobles rodearon en la región de Frankenhausen al ejército que comandaba Muntzer. A la cabeza de las fuerzas de Felipe de Hesse y Jorge de Sajonia ducal estaban militares competentes quienes derrotaron a los pobres campesinos mal armados y mal dirigidos. Muntzer fue apresado el 25 de junio de 1525. Fue torturado y ejecutado por las tropas.

Tenemos que mencionar que Muntzer a pesar de sus desatinos contribuyó por otro lado a reformar la iglesia en algunos aspectos positivos. Él fue uno de los primeros en usar el vernáculo, es decir, el idioma del pueblo. Los oficios en la iglesia cesaron de celebrarse en latín dentro de las iglesias de la Reforma. Esta fue una de las contribuciones de Muntzer. En 1523 preparó una liturgia donde hizo participar a la congregación activamente. También Muntzer fue uno de los primeros en introducir el canto congregacional. Estos aportes en el área de la adoración anticiparon a aquellos que algún tiempo después Lutero introdujo en Wittenberg. Muntzer debe estudiarse desde un punto religioso y no desde un punto secular revolucionario. Su revolución y contribución parten de su amor a los oprimidos y desvalidos en el nombre de Dios[15]. La violencia ocurrida no debe ofuscar este punto de partida en su visión de Dios.

Las controversias externas: Erasmo de Rotterdam

Innegablemente Erasmo siempre será estimado como uno de los más grandes intelectuales de todos los tiempos. Desde muy joven tomó los hábitos de monje. Esta decisión posiblemente la tomó con el propósito de salir de su hogar, acaso por hacer lo que la mayoría de los jóvenes en aquella época hacían para conseguir acceso a la educación. Muy pronto se destacó por su capacidad intelectual innata que. No demoró tampoco en ser conocido y apreciado por toda Europa como uno de los más distinguidos representantes del movimiento humanista. Hoy y ayer, muchos lo han conocido como el príncipe de los humanistas. Como uno puede imaginarse, las universidades europeas se disputaban el honor de tenerlo entre sus profesores[16].

Erasmo se dio a conocer precisamente porque sus escritos tendían a enriquecer el espíritu humano. Antes de que Lutero surgiera inesperadamente en 1517, Erasmo ya ocupaba un puesto reconocido en el mundo académico e intelectual. La mejor contribución de Erasmo a la Reforma posiblemente reside en el campo de los estudios bíblicos, ya que fue un humanista que concienzudamente estudió las lenguas clásicas. Para el año 1516 publicó su edición del *Nuevo Testamento* en griego. En 1518 publicó una segunda y mejorada edición del Nuevo Testamento. Recuérdese que Lutero usó esta segunda edición para su traducción del Nuevo Testamento al alemán durante su exilio en el castillo de Wartburgo.

Cuando el nombre de Lutero se empezó a difundir por Europa, al principio parecía que Erasmo favorecía sus atrevidas propuestas de reforma. Sin embargo, detectó en Lutero una audacia sobresaliente, algo que a Erasmo le incomodaba respaldar. En las secuelas de la controversia sobre las indulgencias, a principios de 1521, Erasmo fue llamado por varios dirigentes eclesiásticos y civiles a dar su opinión sobre el asunto en controversia – acción que se había negado persistentemente a llevar a efecto arguyendo que no había leído detenidamente los escritos de Lutero. Su opinión fue simplemente afirmar que Lutero había tenido dos equivocaciones. La primera era que había afectado el vientre de los monjes, refiriéndose a los gustos sobre las comidas de esos religiosos. La segunda equivocación estribaba en que había hecho tambalear la corona del Papa.

Al principio de la Reforma en Wittenberg, Lutero, como todos los intelectuales de la época, había expresado respeto y simpatía por Erasmo. A él le hubiese gustado contar con el respaldo del famoso humanista. Felipe Melanchthon y Spalatín eran dos de los amigos de Lutero que le sugerían acercarse a Erasmo con la esperanza de ganarlo junto a los muchos humanistas para la causa de la Reforma. A insistencia de sus amigos, Lutero le hizo llegar una carta cordial a Erasmo hacia fines de marzo de 1519. Sin embargo, a pesar de que Erasmo le contestó en términos amigables, Lutero no demoró en advertir la indecisión de Erasmo. Lutero llegó a comentar que detectaba en Erasmo una carencia de seriedad por la vida religiosa y espiritual. Lutero había prometido previamente no atacarlo. En efecto, a Erasmo se le había otorgado un indulto de los votos monásticos y sacerdotales que había prestado durante su juventud, arguyendo después que había sido presionado.

Erasmo por su parte dio indicaciones de tener gusto por la vida cómoda. Se había ganado muchos amigos en el mundo académico y en la iglesia. El emperador Carlos V le ofreció un puesto respetable en la universidad de Lovaina. Por un tiempo se trasladó a dicha ciudad. Pero le desagradó la presión que constantemente recibía de parte de los clérigos de la ciudad y la universidad, especialmente de los dominicos.

Mientras tanto la Reforma que Lutero encabezaba seguía ganando terreno. Debido a esto, los simpatizantes del Papa y de la Iglesia Romana empezaron a ejercer una presión considerable en Erasmo para que se uniera al grupo de detractores de Lutero y su Reforma. Fiel a sus principios, Erasmo se negó por años a intervenir directamente en el asunto, especialmente porque no deseaba lanzar el primer ataque contra quien no lo había atacado. Por un lado, Erasmo se sentía complacido de que alguien como Lutero afirmara la necesidad de reformar a la iglesia. Erasmo definitivamente favorecía una reforma y en cierta forma apoyó indirectamente a Lutero al lanzar una crítica punzante contra la bula de su excomunión. Afirmó en una carta que consideraba justificada la crítica de Lutero en asuntos de moral. Sin embargo, a Erasmo le contrariaba el método de Lutero, al cual consideraba decididamente agresivo. Especialmente se dio cuenta de esto al leer *La cautividad babilónica de la iglesia*. Erasmo fue uno de los pocos que rápidamente se dio cuenta de que lo que proponía Lutero iba a acabar en un cisma. Escribió a uno de sus amigos: "Yo no me veré involucrado en la tragedia que se aproxima". Cuando la controversia sobre las indulgencias dio paso a una propuesta reformadora en Wittenberg, Erasmo hizo todo lo que pudo para distanciarse de Lutero.

Pero la controversia entre Erasmo y Lutero giró en torno a la libertad de la voluntad humana. Este tema se dirigía a la tesis 14 que Lutero había expuesto durante la *Disputa de Hiedelberg* en 1518: "Después de la caída, el libre arbitrio no tiene para hacer el bien más que una capacidad subjetiva, pero para el mal, una capacidad siempre activa"[17]. Erasmo escribió su *Diatribe de libero arbitrio* (*Diatriba sobre el libre albedrío*) en 1524 para contrarrestar el pensamiento teológico de Lutero sobre la libertad humana. Un ejemplar del libro llegó a las manos de Lutero en Wittenberg cuando se encontraba enfrascado en avanzar con la Reforma y estaba viviendo con la inconformidad de los campesinos en Alemania. Para noviembre de 1525 terminó su *De servo arbitrio* (*La voluntad determinada*) para contestar a Erasmo[18].

La Voluntad determinada se divide en quince capítulos. Quisiéramos citar aquí solamente algunos argumentos presentados por Lutero en esta obra. Primero, el título de su obra proviene de un ejemplo tomado del Salmo 73:22. Lutero explica en el capítulo seis que la voluntad humana en su esclavitud se asemeja a los animales que se usan para montar, como los caballos. La voluntad es esclava, y por tanto o Dios la somete a dominio o el diablo lo hace. Pero la voluntad humana jamás es capaz de decidir quién va a montar[19]. Al contrario, será gobernada por Dios o por el diablo, quienes se enfrascan en una pelea por ella. La idea de esta ilustración es que la voluntad humana se encuentra indefensa contra un poder espiritual superior a ella. La ilustración de Lutero por cierto era muy conocida en la Edad Media. Se puede entender mejor sosteniendo que no se debe confiar en la voluntad humana y sus capacidades, sino que más bien se debe confiar enteramente en el poder de Dios quien busca tomar posesión de la persona. La pasividad en la salvación era importante en Lutero para de esta manera darle toda la gloria a Dios.

El capítulo cuatro es el más importante, pues discute puntos específicos sobre la libertad humana en relación al humanismo de Erasmo. Erasmo quería establecer que la voluntad humana es en todo sentido libre ante Dios. Pero Lutero arguye que no es tan fácil lograr esto de un modo razonable si se tiene a Dios en cuenta. Erasmo necesita distinguir entre el poder de Dios y el nuestro. Por lo tanto explica dimensiones activas y pasivas en la libertad humana. En otras palabras, tiene que existir en nuestra libertad cierta contingencia ante Dios. No hay tal cosa como completa libertad. Este capítulo, entonces, hace uso de la razón para poner en duda el principio de la libre libertad humana. Es imposible que esa libertad sea incondicional. Según Lutero, Erasmo no puede admitir esto en relación a Dios[20].

Erasmo argumenta también que el ser humano tiene libertad de voluntad y conciencia para escoger el bien o el mal. El ser humano posee para Erasmo la libertad de volverse hacia aquello que lo lleva a la salvación eterna o hacia lo que la desvía. Al asumir la cooperación del ser humano en su propia salvación, Erasmo veía a la religión desempeñando solamente un papel moral. En contraste criticaba a Lutero para quien la religión desempeñaba un papel espiritual. Se puede afirmar que Erasmo era un humanista religioso o un religioso humanista. Para él la dimensión humana era más importante que la divina. Pero precisamente en este punto estriba la diferencia entre ambos. Es a la luz de estos argumentos que Lutero critica a Erasmo: "[A] Cristo no lo mencionas ni siquiera con una sola letra"[21].

El capítulo cinco es clave para entender la vida del ser humano ante Dios. Aquí Lutero argumenta que el ser humano tiene que ser humillado para llegar a conocer la gracia de Dios. Sin la presencia del Espíritu de Dios, la libertad del ser humano vive espontáneamente en contra de las cosas de Dios[22]. Es por eso que en este capítulo Lutero se dirige a 1 Corintios 1: 21-55 e insta a seguir el ejemplo de San Pablo de "predicar a Cristo crucificado"[23]. Para Lutero, toda sabiduría y libertad humana aparte del mensaje de la cruz llevan a soberbia. Lutero le recuerda a Erasmo lo que las Escrituras canónicas testifican. Aquí emplea 1 Corintios para señalar la diferencia entre la sabiduría humana y la sabiduría de Dios. Una nos lleva a la soberbia, y al uso de la razón contra Dios. La otra, anclada en la cruz, nos lleva al pie de la misericordia de Dios. En este panorama no hay cabida para nuestras buenas obras y ni para la libertad humana[24]. La teología de la cruz se encuentra, entonces, muy presente en los argumentos de Lutero en esta obra.

También es digno de mencionar el capítulo ocho de esta obra, que se dedica específicamente al tema del "albedrío humano". Aquí trata el tema del libre albedrío en relación a la salvación humana. De nuevo aquí usa a 1 Corintios en sus argumentos, basados ahora en el capítulo 2. Quiere insistir basándose en este texto que el entendimiento no puede captar la salvación humana. Consecuentemente el libre albedrío se desenvuelve en un plano que está "más allá de su comprensión e imaginación"[25]. Esto se debe a la condición humana. A esa condición Lutero se refiere varias veces. Especialmente la explica en relación a cumplir la Ley de Dios en el capítulo nueve. Lutero hace referencia aquí a Romanos 3:20. La ley de Dios en realidad señala la inhabilidad de nuestro libertad humana para hacer la voluntad de Dios.

Lo anterior no quiere decir necesariamente que Lutero le negara todo papel al libre albedrío. Sin embargo para Lutero existía el libre albedrío únicamente después que Dios ya había sometido a la voluntad humana, es decir, únicamente después que el Espíritu Santo por medio de la Palabra de Dios le hubiese otorgado la fe al ser humano. Respecto a la explicación del mal, Lutero afirmó que éste existía porque Dios así lo deseaba para dar cumplimiento a su propósito. Dios hace uso del mal para sus propios fines. Esto es parte del tema sobre el "lado oscuro de Dios". En otras palabras, pertenece a dimensiones del Dios no revelado, el *Deus absconditus*.

Al dar respuesta a Erasmo, según los estudiosos han afirmado, Lutero reveló un pensamiento teológico profundo donde reflejó su experiencia de fe. Muchos evangélicos aún siguen sorprendiéndose ante el fecundo pensamiento teológico de Lutero en su escrito *La voluntad determinada*.

---

[1] Von Loewenich, *Martin Luther*, 293-307; Oberman, *Luther*, 226-45. Aquí encontramos dos narraciones sobre la relación de Lutero con Carlstadt y Zwinglio.
[2] Schwiebert, 544-50.
[3] García-Villoslada, II:76-81;90-96.
[4] Oberman, *Martin Luther*, 60-65.
[5] OML 5, 251-366.
[6] OML 5, 275.
[7] Carter Linberg, "Eschatology and Fanaticism in the Reformation Era: Luther and the Anabaptists," *Concordia Theological Quarterly* (October, 2000): 259-68; Oberman, Martin Luther, 57-58.
[8] Comp. Gerhand Brendler, *Martin Luther: Theologie und Revolution* (Berlin: Deutscher Verlag der Wissenschaften, 1983; Robert Rosin, "The Reformation as Liberation-Reformers, Peasants, Marxists," *Concordia Journal* (January, 1987), 47-65.
[9] Comp. "Thomas Muntzer" in *Biograpisch-Bibliographisches, Kirchenlexicon*, (Spalten: Verlag Traugott Bautz, 1993).VI: 329-345.
[10] OML 2, 243-70.
[11] OML 2, 244.
[12] OML 2, 271-76.
[13] OML 2, 275.
[14] OML 2, 272
[15] Oberman, The Dawn of the Reformation, 154-164.
[16] Comp. Ozment, *The Age of Reform*, 290-317 sobre la relación entre Erasmo y Lutero, y el movimiento humanista promulgado por Erasmo, también a Marius, *Martin Luther*, 442-87 sobre la relación entre Lutero y Erasmo ; a Diarmaid MacCulloch, *The Reformation* (New Cork: Penguin Books, 2003), 73-102 sobre la relación de Erasmo con el humanismo.
[17] OML 1, 30.
[18] OML 4.
[19] OML 4, 87.
[20] OML 4, 51-57.
[21] OML 4, 51-52.
[22] OML 4, 84-86.
[23] OML 4, 90.
[24] OML 4, 90-91.
[25] OML 4, 128.

12
Acuerdos y desacuerdos sobre los sacramentos

Los meses y los años inmediatamente después de las guerras de los campesinos alemanes estuvieron llenos de intensidad en la ya agitada vida de Lutero. Frecuentemente se le consultaba sobre todo tipo de tema que tuviera que ver con la Reforma. También trataba asuntos teológicos por correspondencia. No fueron pocos los que buscaron asesoría de él en asuntos personales. Por lo general, Lutero se sentía responsable de contestar a todos, aun cuando su respuesta tardara meses. Además continuó dando clases en la Universidad de Wittenberg. Ocasionalmente realizaba viajes. En esos años también recibió la bendición de la paternidad. Era un hombre muy ocupado y solicitado. Se puede decir que su pasión era dedicarse a la Reforma de la iglesia. Compuso una liturgia en alemán y varios himnos. Y su presencia en el púlpito era constante.

Lamentablemente también en esos años continuaron las controversias internas dentro de la Reforma. Este movimiento para la mitad de la década de 1520 se había extendido más allá de los territorios alemanes. Al emperador Carlos V le desagradaba ver a Alemania dividida en materia de religión. En más de una ocasión anheló terminar de una vez por todas con lo que él consideraba la herejía luterana y hacer volver a todos los alemanes a la iglesia papal. Sin embargo, sus campañas militares lo mantenían ocupado. Su archienemigo, el rey francés Francisco, se mantenía desafiando al Emperador constantemente, haciendo alianzas incluso con el Papa.

Las cosas no eran del todo fáciles para Lutero. Aun cuando tenía la protección de su príncipe y del pueblo alemán, continuaba viviendo bajo la zozobra por estar proscrito en el imperio. La Reforma demandaba la dedicación de atención y tiempo para sacarlo adelante. Afortunadamente Lutero contaba con algunos amigos cercanos que colaboraron fielmente con él. A Juan Bugenhagen se le confió la responsabilidad de ir a lugares lejanos para establecer los fundamentos y llevar a efecto la Reforma. Melanchthon asistía a Lutero en actividades considerables, entre ellas la traducción de la Biblia.

Controversias sobre el Santo Bautismo y la Santa Cena.

Es importante recalcar que para Lutero la doctrina del Santo Bautismo es clave. Su explicación en el *Catecismo mayor* es un legado a su teología. Ya desde su exilio en Wartburgo, por medio de Melanchthon, llega a conocer la proclamación de la reforma radical sobre el bautismo. Es importante acentuar aquí el valor que Lutero le da al bautismo para su tarea reformadora y renovadora[1]. No entra en explicaciones medievales ni en especulaciones subjetivas sobre el sacramento. Aquí su explicación va en contra la posición anabaptista, que demandaba otro (ana) bautismo.

Primero, utiliza los textos de Mateo 28:19 y Marcos 16:16 como base para señalar la necesidad del bautismo. "Es el mandato y la institución de Dios"[2]. Los anabaptistas afirmaban que el bautismo es un "signo externo" durante estas controversias[3]. Para Lutero es mucho más que eso. Como argumenta: "Ser bautizado en nombre de Dios significa ser bautizado por Dios mismo y no por hombre. Por lo tanto, aun cuando el bautismo se realice por mano del hombre, se trata, en realidad, de una obra de Dios mismo"[4]. Lo principal en el argumento de Lutero es que el bautismo trae la presencia de Dios para hacer salvo al ser humano. Así que el sacramento funciona como acto de redención y de certitud sobre la redención: "Y se sabe bien que hacerse salvo no significa otra cosa, sino únicamente ser librado del pecado, del demonio; entrar en el reino de Cristo y vivir con él eternamente"[5]. El bautismo es una obra de Dios hacia nosotros en vez de una obra nuestra dirigida a Dios. Es una señal encarnada con la gracia y presencia de Dios.

Es necesario entenderlo lo dicho para reconocer por qué Lutero insiste en el bautismo de niños. Los hermanos anabaptistas han argumentado por generaciones que los niños no pueden llegar a creer ya que carecen de las facultades racionales. Esto en realidad es una distorsión, en la teología evangélica de Lutero, del significado del bautismo. Un niño no es bautizado por su fe sino por motivo de la promesa de Dios hacia él. Es evidente para Lutero, que el Espíritu Santo crea la fe en los infantiles por medio del Santo Bautismo, marcado por la Palabra[6]. Esto llega a ser también la marca de diferencia entre Lutero y los anabaptistas sobre la Santa Cena. No es un signo, sino es la presencia del misterio de Dios, y es consecuentemente un sacramento, con su gracia ofrecida a nosotros. Esto es lo que Lutero argumenta en su *Catecismo mayor* y otros escritos en su evaluación y controversias con otros teólogos evangélicos sobre el Santo Bautismo.

Un punto de acuerdo entre los anabaptistas y Lutero sobre el bautismo es la manera en que debe efectuarse. Lutero prefiere el bautismo por inmersión, ya que señala que se basa la acción de Dios: "Conviene saber lo que significa el bautismo y por qué Dios ha instituido justamente tal signo o ceremonias externas para hacer el sacramento en virtud del cual somos recibidos primeramente en la cristiandad. Este acto o ceremonia externa consiste en que se nos sumerge en el agua que nos cubre enteramente y después se nos saca de nuevo. Estas dos cosas, es decir, la inmersión y la emersión del agua indican el poder y la obra del bautismo, que no son otras que la muerte del viejo Adán, y seguidamente la resurrección del nuevo hombre"[7]. Para Lutero, el bautismo es un hecho diario. Recordarlo es más que enfatizar el hecho de la conversión cristiana. "Por consiguiente," para Lutero, "cada uno debe considerar el bautismo como su vestido cotidiano que deberá revestir sin cesar con el fin de que se encuentre en todo tiempo en la fe y en los frutos, de modo que apacigüe al viejo hombre y crezca en el nuevo"[8]. Así que la inmersión y la emersión son marcas de cómo Dios efectúa su obra diariamente entre nosotros bajo el bautismo; de como Dios efectúa en nosotros y con nosotros su gracia y promesa. Así marca Dios su obra de redención y acompañamiento en el santo bautismo. Tal es la lectura de Lutero sobre el bautismo en las Sagradas Escrituras, anclada en Romanos 6.

Lutero también dedicaba tiempo y esmero a contrarrestar otros efectos doctrinales relacionados a los sacramentos. Carlstadt fue uno de los primeros en llamar la atención sobre doctrinas erróneas cuando enseñó cosas novedosas sobre el sacramento de la comunión. Carlstadt, por un lado, había sido influido por los "profetas celestiales" de Zwickau, quienes afirmaban haber recibido revelaciones personales de Dios, y por el otro lado, por los anabaptistas antes y durante los años de las guerras campesinas alemanas. Entre aquellos que influyeron en Carlstadt hubo un humanista holandés, Cornelio Hoen o Honius, quien había empezado a interpretar simbólicamente las palabras de institución en la Santa Cena. Honius había escrito un documento donde expuso su interpretación. Debido a los viajes que se vio forzado a realizar, Carlstadt promovía sus ideas, causando seria conmoción entre los cristianos piadosos. En Basilea escribió una serie de panfletos atacando las iniciativas de reforma en Wittenberg. Entre las cosas de las que difería con Lutero mencionaba una supuesta actitud papal en la iglesia de Wittenberg, y la interpretación de las palabras de institución de la Santa Cena[9].

Poco después Carlstadt estableció relaciones con un número de respetables humanistas y teólogos que se encontraban por aquellos años dirigiendo la Reforma en otras ciudades y regiones. Tal fue el caso de Wolfgang Capito (1472-1541), Martín Bucero (1491-1551) y Gaspar Hedio (1494-1552) en Estrasburgo, de Juan Oecolampadio (1482-1531) en Basilea, y Ulrico Zwinglio (1484-1531) en Zurich. A unos los visitó personalmente, y con otros intercambió correspondencia.[10] Carlstadt había empezado a enseñar abiertamente fuera de Sajonia Electoral que el cristiano cuando acude al sacramento de la Santa Cena no come el cuerpo de Jesucristo, pues éste no se encuentra físicamente en el pan; y tampoco se encuentra la sangre verdadera de Jesucristo en el cáliz. La presencia de Jesucristo no se niega, pero se interpreta como un hecho simbólico que ejecuta el mismo cristiano, y no Dios ni el poder de su Palabra. Carlstadt alcanzó a darse cuenta de que la interpretación simbólica había ganado a varios importantes humanistas y reformadores. Aquí debe de verse el inicio formal de la controversia con "los sacramentarios", como Lutero y sus seguidores los llamaron.

La enseñanza de la iglesia por todos los siglos había afirmado la verdadera presencia de Jesucristo en los elementos externos de la Santa Cena. Es decir que en el pan está también el cuerpo de Jesucristo y en el vino está verdaderamente su sangre. En la Edad Media, desde luego, la iglesia romana había logrado introducir las doctrinas de la transubstanciación y del sacrificio incruento realizado por el sacerdote cada vez que se celebra misa. Los luteranos rechazaron decididamente ambas doctrinas por carecer de fundamentos bíblicos sólidos.

La enseñanza simbólica novedosa en la Santa Cena provino principalmente de la interpretación que se les dio a los pasajes neotestamentarios que narran la institución de este sacramento por Jesucristo, especialmente a las palabras "Esto es mi cuerpo... y esto es mi sangre". Lo que hay que destacar es que el giro interpretativo promovido por Carlstadt fue adoptado también por algunos clérigos de formación humanista entre quienes se encontraban Wolfgang Capito de Estrasburgo, Ulrico Zwinglio y Juan Oecolampadio, dirigentes de la Reforma en Suiza[11].

Cuando Lutero leyó los panfletos de Carlstadt publicados en Basilea no pudo mantener silencio por mucho tiempo. En un escrito de fines de 1524 y principios de 1525 que se titula *Contra los profetas celestiales acerca de las imágenes y los sacramentos*[12]. Lutero creyó por un momento que había tratado todo lo concerniente a la interpretación simbólica de Carlstadt. La verdad es que para entonces el resto de los teólogos "sacramentarios" se preparaban para incorporarse a la controversia. Motivado por sus amigos en marzo de 1525, Zwinglio publicó el documento *De la verdadera y falsa religión* en donde arremetió contra la interpretación de Lutero y de la iglesia romana. Para el otoño de ese año, Oecolampadio publicó un documento promoviendo la interpretación de Zwinglio entre los dirigentes religiosos del sur de Alemania. En él, supuestamente se basaba en los padres de la iglesia para la interpretación simbólica.

Lutero entonces guardó temporalmente silencio en sus escritos, más no en su palabras. A sus colegas en Wittenberg les describió la interpretación errónea de Carlstadt y Zwinglio. Los escritos de otros sacramentarios lo sorprendieron. Sin embargo, gracias a esta sorpresa llegó a percatarse de la gravedad de la controversia que Carlstadt y Honius habían provocado. Estando Lutero muy ocupado en 1525, Bugenhagen empezó a escribir contra la interpretación simbólica. Zwinglio le contestó. En su respuesta, Zwinglio claramente mostró no depender de la teología de Carlstadt. Oecolampadio se unió a la controversia apoyando a Zwinglio. Pero en septiembre de 1525, Lutero recibió también la grata sorpresa al saber que en Suabia, en el sur de Alemania, surgieron unos dirigentes luteranos que por su propia iniciativa se opusieron a la interpretación de los sacramentarios. Entre aquellos fieles luteranos hay que destacar a Juan Brenz, quien fue el encargado de componer, en nombre de varios dirigentes luteranos del sur de Alemania, un documento cuidadosamente formulado que se llamó *Syngramma de Suabia*. Para principios de 1526, el respetado humanista de Nuremberg Willibald Pirkheimer escribió un panfleto donde se alineaba con los luteranos. Pirkheimer hasta entonces había sido amigo cercano de Oecolampadio.

Los sacramentarios contestaron casi inmediatamente al documento de Brenz. Lutero en Wittenberg siguió con atención el desarrollo de la controversia, la cual lo llevó a replantearse su posición buscando más claridad bíblica. Poco después se percató de que la controversia no giraba sobre si está o no está Jesucristo en el sacramento. Ambas partes hablaban de una presencia de Jesucristo. Por lo tanto, la controversia se enfocaba más en la naturaleza y modo de la presencia de Jesucristo en el sacramento[13].

Lutero decididamente rechazaba la presencia simbólica o espiritual de sus oponentes por dos razones principales. La primera era que no aceptaba la exégesis e interpretación del texto bíblico hechas por Honius, Carlstadt y Zwinglio. Para Lutero las palabras de Jesucristo: "Esto *es* mi cuerpo.... y *es* mi sangre" jamás deben de interpretarse como si Jesucristo hubiera dicho: "Esto **significa** mi cuerpo.... y **significa mi sangre**"[14]. Lutero ponía todo el peso en las palabras exactas que registran todos los pasajes del Nuevo Testamento que narran sin discrepar la institución de la Santa Cena. Por lo tanto no necesitaba recurrir a ejemplos, alegorías o figuras de lenguaje. El texto era suficiente para él de tal modo que lo obligó a afirmar en más de una ocasión: "El texto es demasiado poderoso para mí".

La segunda razón tenía que ver con la interpretación teológica dada a la persona de Jesucristo. La interpretación cristológica de Lutero se volvió más importante conforme avanzaba la controversia. Aquí encontramos un punto primordial de Lutero sobre la soteriología. Bajo la presencia del cuerpo de Cristo en la Santa Cena tenemos una presencia muy especial. Cristo se encuentra muy realmente en el sacramento. Dios desde su suprema majestad llega para tener una presencia muy personal por mí y para mí[15]. Carlstadt, como Zwinglio y Oecolampadio después, refutaron esta afirmación de Lutero de cómo se debe entender en la eucaristía el verbo "es." El argumento principal de Zwinglio fue: "Si en la Santa Cena, el cuerpo de Cristo está presente simultáneamente en el cielo y en la tierra, no puede ser un cuerpo humano real y verdadero; pues tal majestad, decían, es propia de Dios solamente; al cuerpo de Cristo le falta la capacidad para ello"[16].

Desafortunadamente, como él mismo dice en su *Confesión mayor acerca de la Santa Cena*", Lutero se entregó por un momento a la especulación filosófica cuando llegó a una encrucijada con la especulación de Zwinglio. En este tratado Lutero adopta la distinción escolástica de Guillermo de Occam sobre tres modos de estar presente: local (cuerpos normales en el espacio), definitiva (espíritus y ángeles no restrictos al espacio), y la repletiva (como está presente Dios en su omnipresencia)[17]. Pero Lutero recapacita diciendo: "¿Pero quién dirá o pensará cómo sucede esto?"... [N]o lo sabemos. Esto sobrepasa la naturaleza y razón también de todos los ángeles en los cielos. Solo Dios lo conoce y lo sabe..."[18]. Y nos aclara también sobre el asunto: "Si basta con especulaciones, yo también especularé..."[19]. Para Lutero lo que estaba en peligro era nuestra proclamación sobre Dios a favor nuestro. Por eso regresó a la predicación de la Persona de Cristo Jesús, verdaderamente hombre y verdaderamente Dios para nuestra salvación. Vemos aquí un punto primordial de Lutero sobre la soteriología. Este es que la presencia del cuerpo de Cristo en la Santa Cena es muy especial. Cristo se encuentra en el sacramento muy realmente por mí y para mí.

Lutero quiere destacar la presencia del Dios encarnado entre nosotros como señal principal de su gracia. Para el Reformador es imprescindible destacar que si no es Dios mismo quien pone su peso en la balanza nosotros nos hundimos. Si un mero ser humano muere, y no es Dios quien muere, verdaderamente estamos perdidos. Empero si la muerte de Dios está en la balanza, él es el que se hunde y nosotros resucitamos a nueva vida. La muerte del hombre Jesucristo no nos puede salvar, pues no estamos nosotros relacionados con Dios. Esa soledad de un ser humano, el hombre Jesús, con nuestra culpabilidad, sufrimiento, soledad, y muerte no nos ayuda por si sola. Solamente en la solidaridad de Dios en nuestra situación humana encontramos el amor incondicional de Dios por nosotros. Y esta realidad nos permite proclamar y dar testimonio de su agonía, su sufrimiento y muerte como nuestro Dios crucificado. Nos permite afirmar que Cristo crea una verdadera comunión de amor en esa manera de ser. Esta comunión para Lutero se experimenta y realiza muy poderosamente en nuestra participación en el cuerpo y sangre de Cristo dado por nosotros.

Zwinglio encontró muy fácil criticar la doctrina de Lutero sobre la omnipresencia (ubicuidad) del cuerpo de Cristo en todo el universo. Para él era imposible explicar cómo el cuerpo de Cristo es omnipresente cuando el cuerpo es ontológicamente caracterizado por la limitación del espacio. Lutero afirma la omnipresencia de Cristo de acuerdo al Concilio de Calcedonia (451). Este concilio afirma que no se pueden separar en la persona de Cristo sus naturalezas divina y humana. Lutero afirma que es posible para la humanidad de Cristo recibir la omnipresencia de la divinidad en esa unión inseparable de las dos naturalezas en la persona de Cristo.

Zwinglio tampoco quiere abandonar la unidad de la persona de Cristo. Pero en realidad esto es lo que ocurre en su pensamiento. Él divide la obra de la Persona de Jesucristo. Cristo muere y sufre en calidad de hombre y hace grandes prodigios en calidad de Dios[20]. Si es asi, dice Lutero, "Cristo tendrá que ser dos personas una divina y una humana, ya que los pasajes de la pasión los refiere solamente a la humana excluyéndolos completamente de la divina"[21]. Para Lutero lo más importante es destacar el evento de la salvación de Dios por nosotros. Si solamente la humanidad sufre y la divinidad no participa en la obra redentora de Cristo, entonces la realidad de la encarnación se destruye. Consecuentemente también con este hecho, Lutero argumenta, se destruye toda la obra redentora de Dios por nosotros.

En relación a las disputas sobre la Santa Cena, Lutero mantuvo un silencio que impacientó a sus oponentes al punto que pensaron que Lutero concedía la derrota. La verdad es que Lutero tenía una preocupación pastoral. Los cristianos humildes y débiles no podían comprender las disputas académicas. Por esta razón, Lutero se dedicó a predicar exponiendo su interpretación del texto bíblico en forma sencilla para que todos los que lo oyeran pudieran comprender. Varios de estos sermones se publicaron sin necesariamente contar con la autorización de Lutero. También varios de ellos fueron leídos por Zwinglio en Suiza.

Es importante destacar que aunque Lutero empleó un idioma áspero contra Zwinglio y otros colegas en sus controversias sobre la Santa Cena, esto no impide que haya visto también un gran número de puntos convergentes. Esto se puede percatar en el Coloquio de Marburgo (1528). Allí se firmó un documento donde los reformadores Lutero y Melanchthon tuvieron bastante en común con Zwinglio y Oecolampadio. Los reformadores alemanes y suizos estuvieron completamente de acuerdo en catorce de los artículos presentados. En el artículo quince sobre la Santa Cena estuvieron de acuerdo en la mayoría de los puntos. Estos son: la celebración bajo las dos especies, que la misa no es un sacrificio donde el ser humano vivo o difunto obtiene la gracia de Dios, que el sacramento del altar es el sacramento del verdadero cuerpo y sangre de cristo, y que la comunión espiritual de este cuerpo y sangre es muy importante para el cristiano. Hubo un punto divergente. Así lo explican en el documento firmado por todos ellos: "Y, aunque en el momento presente no tenemos la misma opinión sobre la cuestión de si el cuerpo y la sangre reales de Cristo están presentes corporalmente en el pan y el vino, sin embargo, ambas partes se mirarán mutuamente con caridad cristiana en la medida que sus conciencias se lo permitan, e implorarán seriamente de Dios poderoso que nos fortalezca en el recto entendimiento a través de Su Espíritu. Amén"[22].

Luego hay más acuerdo que desacuerdo entre Lutero y Zwinglio –y más tarde pudiéramos añadir también a Calvino. No obstante, la visión sacramental en la teología de Lutero lo sitúa como síntesis entre la fe católica y la evangélica. La Santa Cena es una expresión de comunidad que nace bajo el misterio de nuestra participación en el cuerpo real de Cristo Jesús. Esta es su dimensión católica arraigada en la tradición y proclamación de la iglesia. Pero este hecho es una participación de la gracia ofrendada por Dios a nosotros. El sacramento es un regalo de la gracia de Dios y no un sacrificio. De aquí parte su dimensión evangélica.

---

[1] *Libro de Concordia*, IV, 466-79.
[2] *Libro de Concordia*, 467.
[3] *Libro de Concordia*, 467.
[4] *Libro de Concordia*, 467.

⁵ *Libro de Concordia*, 470.
⁶ *Libro de Concordia*, 473.
⁷ *Libro de Concordia*, 473.
⁸ *Libro de Concordia*, 478.
⁹ Comp. Oberman, *Martin Luther*, 232-45; Von Loewenich, *Martin Luther*, 293-307.
¹⁰ Comp. Kittleson, 26-67. A pesar de muchos desacuerdos, la reunión cara a cara de Lutero con Bucero y Capito en mayo, 1534, produjo un acercamiento entre ellos. Bucero aquí aclara que ni él ni sus colegas nunca enseñaron que el cuerpo y la sangre de Cristo eran solamente símbolos en la Santa Cena. También enfatizó que los que van a la Cena reciben el cuerpo y la sangre de Cristo.
¹¹ *Formula de Concordia*, VII, 616, explica las diferencias entre Lutero y los sacramentarios.
¹² OML 5, 251-366.
¹³ *La formula de Concordia*, Artículo VII, 614-42, *Libro de Concordia*. Los argumentos de Lutero son principalmente tomados de su *Catecismo mayor* (1529) y su *Confesión acerca de la Santa Cena de Cristo* (1530), OML 5, 369-536.
¹⁴ OML 5, 379-81.
¹⁵ OML 5, 432-435.
¹⁶ *Libro de Concordia*, 643.
¹⁷ OML 5, 418-21.
¹⁸ OML 5, 425.
¹⁹ OML 5, 425.
²⁰ *Libro de Concordia*, 651.43, donde se cita "La confesión mayor acerca de la Santa Cena de Lutero". Aquí Lutero crítica esta posición de Zwinglio.
²¹ Ibíd, 651.43.
²² Atkinson, 313.

13
Lutero en su madurez y batallas finales

Algunos comentaristas sobre la vida y teología de Lutero tienden a ignorar el período de su madurez y vejez. En este capítulo vamos a tocar principalmente los temas de Lutero como reformador y las controversias que sostuvo durante los últimos años de su vida. Este período esta comprendido entre los años 1531-1546. Es un tiempo muy productivo en su vida como reformador, profesor y pastor a pesar de su mala salud. Lutero escribe durante este periodo un tercio de sus escritos. Entre los más destacados de sus escritos encontramos su *Gran comentario de Gálatas* (1531-35)[1], basado en sus clases en Wittenberg en Julio y Noviembre de 1531 y en una revisión de sus clases anteriormente dictadas. También se encuentran su *Comentario sobre Génesis* (1535-1545)[2] basado en su último curso impartido en Wittenberg desde Julio, 1535 a Noviembre 1545. Escribió también en este período sus *Artículos de Esmalcalda* (1537)[3]. Estos artículos son considerados su último testamento confesional y teológico como reformador. Pero también se encuentran algunos otros escritos, como su *Sobre los judíos y sus mentiras* (1543)[4] que restan lustre a su obra reformadora.

La Reforma continúa

Durante este período de su vida, la lucha de Lutero para reformar la iglesia continúa. Quisiéramos comenzar este estudio con la *Con-*

fesión de Augsburgo de 1530. Después del Edicto de Worms, Lutero y la causa de la Reforma continúa siendo confrontados por Roma y por varios príncipes católicos. Las asambleas, o dietas, de Speyer en 1526 y 1529 son un buen ejemplo de esta realidad. En el Edicto de Speyer (1526) los príncipes alemanes prometen cumplir el Edicto de Worms (1522) contra Lutero de acuerdo a sus conciencias. Pero en 1529, por motivo de la avanzada del Imperio Turco, y su captura ese mismo año de Viena, Carlos V se ve obligado a llegar a cierto acuerdo con los príncipes independientes alemanes. Es por eso que convence al Papa Clemente VII a convocar una dieta en 1530. La misma fue convocada Augsburgo, una de las ciudades más importantes para el Imperio Romano. Allí residían la más alta aristocracia y los grandes acomodados del imperio, como la familia de los Fuggers. Lutero en conjunto con Melanchthon, Bugenhagen y Justus Jonas preparan el documento de acuerdo a las indicaciones del elector Juan de Sajonia. El propósito de la dieta, desegún Clemente VII, era que todos los participantes "demostrarán diligencia en escuchar, y considerar con amor las opiniones y puntos de vista de todos, para reducir estos a un acuerdo y una sola verdad cristiana"[5].

La Confesión de Augsburgo fue finalmente presentada por Melanchthon el 25 de junio de 1530[6]. La Confesión de Augsburgo había sido preparada en latín, pero fue presentada a Carlos V en traducción alemana de Justus Jonás. Alfonso De Valdés (1500-32), secretario de Carlos V, la tradujo al castellano y sirvió como mediador entre el Emperador y los reformadores durante la dieta. Valdés llegó a ser luego simpatizante de la teología reformadora. Por lo tanto el castellano fue uno de los primeros idiomas modernos en que la teología reformadora fue promulgada[7].

La Confesión de Augsburgo es la Magna Carta del movimiento católico evangélico y contiene los puntos salientes de la teología de Lutero. En su respuesta conocida como la Confutación los teólogos de Roma concordaron con parte de la Confesión de Augsburgo. Principalmente afirmaron los de la Santísima Trinidad, el Hijo de Dios, el bautismo y la Santa Cena y otros. Pero rechazaron vehementemente los artículos 2, sobre el pecado original; el 4, sobre la justificación; y el 12, sobre la penitencia[8]. Estos temas continuaron siendo fundamentales en la madurez de Lutero como reformador de la iglesia. Así lo refleja en sus *Artículos de Esmalcalda* (1537).

Al asumir su papado en 1534, Pablo III deseaba reformar a su propia iglesia, en contraste con otros papas. Para ello convocó a un concilio que debería tener lugar en Mantua, Italia, en junio de 1536. Por motivo de este llamado, y también por su deseo de que Lutero escribiera su último testamento sobre los temas fundamentales para la Reforma, Juan Federico comisionó al Reformador para que en conjunto con otros teólogos de Wittenberg preparara un documento de fe confesional[9].

Este documento esta dividido en tres partes. La primera trata sobre la doctrina trinitaria, sobre la cual Roma estaba completamente de acuerdo. En la segunda vemos los temas que Lutero considera el corazón de la fe evangélica. Aquí el artículo primero y principal es: "Que Jesucristo, nuestro Dios y Señor 'fue entregado por nuestras trasgresiones y resucitado para nuestra justificación' (Ro. 4:25). Sólo él es 'el cordero de Dios que quita el pecado del mundo' (Jn. 1:29)..."[10]. De la misma forma 'todos pecaron, y están destituidos de la gloria de Dios, siendo justificados, gratuitamente por su gracia, mediante la redención que es en Cristo Jesús' (Ro. 3:23-25). Lutero cita a San Pablo como fundamento de sus temas esenciales sobre la corrupción de nuestro pecado, y la justificación gratuita en Cristo Jesús. Y esta justificación, afirma aquí es nuestra solamente por la fe: "Ya que esto es menester creerlo, sin que sea posible alcanzarlo, o comprenderlo por medio de las obras, leyes o méritos, es claro y seguro, que sólo tal fe nos justicia como dice San Pablo en Romanos 28"[11]. Aquí radica para Lutero lo esencial de la fe evangélica y lo fundamental para la iglesia cristiana en su madurez teológica.

En la tercera parte de los *Artículos de Esmalcalda*, Lutero enseña en qué consiste la iglesia bajo su principio fundamental: "No le concedemos que ellos sean la iglesia y tampoco lo son. Y no queremos oír lo que ellos mandan o prohíben bajo el nombre de iglesia. Pues gracias a Dios, un niño de siete años sabe qué es la iglesia, es decir, los santos creyentes, y el 'rebaño que escucha la voz de su pastor' (Jn. 10:3). En realidad los niños rezan de este modo: 'Yo creo en la santa iglesia Cristiana'. Esta santidad no consiste en sobrepellices, tonsuras, albas y en otras ceremonias que han sobrepasado por completo la Sagrada Escritura, sino en la palabra de Dios y su verdadera fe'"[12]. Para Lutero, la iglesia es el pueblo de Dios bajo la fe en Jesucristo. La autoridad que la constituye no es la marca externa de los obispos y papas sino la marca externa de la Palabra de Dios.

Lutero en estos artículos señala cuatro veces el oficio de Papa como el oficio del "anticristo"[13]. El punto neurálgico es el fundamento de la salvación y del perdón. Lutero encontraba que el papado ofrecía el perdón de los pecados bajo sus invenciones humanas garantizadas por su oficio. En este contexto declara al papado el anticristo por asegurar la penitencia a cargo del papado mismo en vez de la justificación por la fe.

Lutero nunca pudo presentar estos artículos en Esmalcalda ya que casi muere por cálculos en el riñón. Los artículos fueron aceptados en Esmalcalda, pero Melanchthon los presentó con un proviso más moderado sobre el oficio papal[14]. Lutero, asi y todo, continuaba deseando la reforma de la iglesia y no una separación de ella. Esto lo declara claramente en su tratado *Sobre los concilios y la iglesia*, que publicó en 1539. Su deseo era el restaurar a la iglesia existente y no crear una nueva. Este era su afán mayor[15]. La iglesia es la comunión de los santos que vive bajo la Palabra de Dios. De allí parte su validez y efecto, como lo afirma en el mismo tratado de 1539[16]. La reforma continuaba únicamente, entonces, en la afirmación de Lutero, bajo la Sagrada Escritura y la salvación que la misma ofrece en Cristo Jesús. Este fue su tema principal en su último testamento teológico, los *Artículos de Esmalcalda*.

Durante esto periodo, Lutero siempre estuvo dispuesto a recibir en Wittenberg a los nuncios católicos como Pietro Vergerio (1536) y a los reformadores suizos (1536), como Bucero y Capito, para dialogar y tratar de llegar a un acuerdo en una iglesia verdaderamente guiada bajo la luz del evangelio y donde Cristo reluciera como cabeza[17]. Las relaciones con los católicos se empeoraron con el tiempo. Pero estos años fueron muy productivos en la vida de Lutero como reformador. Inicialmente Carlos V quiso restaurar el Edicto de Worms. Pero los príncipes alemanes se unificaron bajo la impresionante Liga de Esmalcalda con un gran poder político y militar. Dado al deseo del Papa de tener otro emperador, la presión de la invasión de los Turcos, y el poder de los Príncipes, no le quedaba más remedio a Carlos V, como también al Papa que buscar un acercamiento. No se logró, pero sí dio cabida a que cada gobernante gobernara de acuerdo a su discreción y consciencia. También ellos estaban libres de ejercer su fe evangélica.

En el contexto de reforma evangélica, Lutero llegó a un acuerdo con Bucero y los reformadores suizos en Wittenberg durante mayo de 1536. Este acuerdo lleva el nombre del "acuerdo de Wittenberg". En el mismo concordaron en la presencia real de Cristo en la Santa Cena y en que tal presencia se da por las palabras de institución y no por motivo de la fe del individuo. También concordaron en que el sacramento es acción de Dios. Entonces los suizos y los alemanes celebraron juntos la Santa Cena[18]. Durante este período vemos un gran acercamiento entre Lutero y Bucero y un distanciamiento entre Bucero y los seguidores de Zwinglio.

Conflictos críticos: Felipe Hesse y Juan Agricola

Pero este período también esta marcado por grandes conflictos internos y externos en la vida de Lutero. En Alemania, continúa una pugna intensa entre el duque católico Jorge de Sajonia y Lutero. El duque quería imponer la fe católica romana sobre sus siervos y Lutero protestó vehementemente. Pero Lutero tenía la protección de su nuevo príncipe Juan Federico, quien sucedió a su tío, el Elector Juan en 1531. Juan Federico era sumamente dado a la causa de la Reforma y era un príncipe cien por ciento evangélico[19]. Pero Lutero tuvo que enfrentar dos problemas internos mucho más delicados y graves. Estos fueron la bigamia de Felipe de Hesse y el conflicto antinomista con Juan Agrícola.

Felipe de Hesse era un duque influyente en la formación de la Liga de Esmalcalda, la más fuerte alianza política protestante. Lutero era el pastor y confesor en quien el duque más confiaba. Y en él confió y pidió consejo durante sus grandes problemas matrimoniales. Felipe de Hesse se casó en 1523 con Cristina, la hija del duque Jorge de Sajonia, enemigo de la Reforma. Hesse se quiso divorciar de Cristina, aunque no podía. A la postre decidió casarse de nuevo por motivos de conciencia ya que no podía vivir en adulterio. Pero no lo hizo sin antes consultar con Lutero[20]. Y Lutero recomendó, puesto que en su estimación ya en realidad había un abandono de parte de la esposa de Felipe, que éste se casara en secreto. Oberman llama al día de esa decisión por parte de Lutero el 10 de diciembre de 1539, "el día negro" en la historia de la Reforma Alemana[21]. No había ninguna justificación para esta boda. Pero bajo el consejo de Lutero, Felipe se casó con Margarita von der Sale. Bucero y Melanchthon fueron testigos del evento. Para añadir leña al fuego hay que mencionar que Carlos V había promulgado un decreto en 1532 en que declaraba que la bigamia tenía que ser castigada con pena de muerte. Aquí se encuentra la situación precaria para Hesse y Lutero. Finalmente Hesse buscó un perdón imperial, el cual otorgó Carlos V en la Dieta Imperial de Regensburg el 13 de junio de 1541. Pero ese perdón llevaba ciertas condiciones muy negativas para la Liga de Esmalcalda. Primero, se le demandó a Hesse que frustrara el esfuerzo de la liga en añadir a Inglaterra y Francia a la misma. Segundo, le pidieron que rehusaran admitir a Guillermo de Klieve a la liga. Dos años después Guillermo de Klieve atacó a Felipe y lo derrotó, a pesar de ser una de las personas más activas a favor de la liga. Esto impidió el progreso de Felipe de Hesse en reformar la iglesia en su territorio[22]. Así que el consejo de Lutero y la indiscreción de Hesse resultaron en grandes consecuencias contra el avance de la Reforma en Alemania.

La controversia antinomista

Otro conflicto crítico que Lutero enfrentó fue la controversia antinomista. Juan Agrícola, uno de los alumnos de Lutero, ya para 1535 estaba predicando en contra (anti) el uso de la ley (griego, nomos=ley) en la vida del cristiano. La ley no debía predicarse ni para llevar al humano a ver su pecado ni para exhortarlo a vivir una vida santa[23]. Lutero vio que Agrícola había malinterpretado el punto del que había escrito en su *Tratado acerca la libertad cristiana* acerca del cristiano como libre de todo. Sí era libre de todo; pero también el cristiano era siervo de todos. Entre 1537-1540 Lutero escribió una series de tesis y su *Tratado en contra de los antinomianos* (1537) para refutar este desdén hacia la ley de Dios[24]. En este tratado declara que debe haber una relación entre la ley a la predicación del evangelio. Encuentra en la posición del antinomianismo "una nueva metodología donde uno predica primeramente la gracia y luego la revelación de la ira" y en la "que la palabra 'ley' nunca se escucha o se menciona"[25]. Pero Lutero señala que Pablo enseña diferentemente en Romanos 1:18. "Pues él nos llama primeramente la atención a la ira de Dios desde el cielo y hace a todo el mundo pecadores y culpables ante Dios; luego cuando ellos reconocen su pecado, les enseña cómo obtener misericordia y ser justificados"[26].

Lutero también publica en el 1538 su *Gran comentario sobre Gálatas* (1535) con varias revisiones que usa como vehículo para refutar a Juan Agrícola. Aquí queremos destacar especialmente los comentarios que hace el Reformador acerca de Gálatas 5:14. En el versículo 14 Pablo señala que la ley se cumple bajo una sola palabra: la de "Amarás a tú prójimo como a ti mismo". No cabe duda, dice Lutero que: "Toda la Ley se cumple en esta oración, pero se cumple bajo la gracia. Así que hemos sido llamados a la libertad, y obramos toda la Ley si en amor servimos solamente a nuestro prójimo cuando tiene esa necesidad"[27]. El evangelio nos libera de la Ley según el comentario de Lutero, pero nos compromete también completamente a ella a favor de nuestro prójimo. Esta es su dialéctica. La Ley es muy importante también en nuestra vida de santificación.

Lutero contra los judíos, los turcos y el Papa

Durante este periodo de su vida, Lutero es más polémico contra quienes le parecen impedir la causa del evangelio. Esto se debe en parte sus enfermedades, pero principalmente se debe a que Lutero cree que vive en los tiempos finales[28]. De aquí surge su resolución de llevar el evangelio a todos antes que el fin llegue. De aquí parte también su incomodidad con quienes no llegan a conocer este mensaje y con quienes se le interponen. Veamos cómo Lutero cambia de actitud sobre los judíos y los turcos comparando este período con el de su juventud.

Para tomar una perspectiva adecuada tenemos primero que mencionar su tratado *Pues Jesucristo nació un judío* de 1523. Allí comenta Lutero sobre el trato de los judíos y sobre cómo convivir con ellos: "Ellos" [refiriéndose aquí a los gobernantes y la iglesia] "han tratado con los judíos como si ellos fueran perros en vez de seres humanos; lo único que han hecho con ellos es perseguirlos y capturar sus propiedades.... Espero que si uno trata de una manera gentil a los judíos y los instruyen cuidadosamente basados en las Sagradas Escrituras, ellos llegarán a ser cristianos genuinos y regresarán a la fe de sus padres, profetas y patriarcas"[29]. Es interesante ver aquí cómo Lutero ve en la fe de las Escrituras Hebreas, el Antiguo Testamento, la fe genuina del pueblo de Dios, y también muestra cierta sensibilidad al expresar su esperanza de que los judíos vivan bajo sus costumbres aunque confesando a Cristo. Pero su manera de tratar de los judíos cambia en 1543.

En su tratado sobre *Los judíos y sus mentiras* (1543) desafortunadamente Lutero regresa al espíritu de la Europa de su época y se muestra verdaderamente ofensivo contra los judíos[30]. En este tratado ya no busca llevar al evangelio a los judíos, pues lo cree imposible.[31] Quiere repatriarlos a su propia tierra, ya que cree que la práctica de la usura por los judíos en Alemania era excesiva y perjudicial para los demás[32]. Pero su consejo sobre ellos es lo más deplorable. Sugiere quemar sus sinagogas, sus casas, negarles congregarse y adorar, confiscar su dinero, y expulsarlos de Alemania[33]. No cabe duda que no hay lugar ni defensa para esta actitud de Lutero hacia los judíos aunque tal actitud fuera lo común en su tiempo. Lo que es más, esta actitud va en contra de su propia teología y pensamiento sobre la libertad cristiana bajo la teología de la cruz.

Poco se dice sobre Lutero en relación al islam. Su preocupación por el crecimiento y poder militar de los turcos obligó a Lutero a estudiar la religión de los musulmanes con seriedad. Es más, leyó la mejor copia del Corán que existía en latín y varias otras obras sobre esa religión[34]. Al principio Lutero ve a los turcos como instrumento para castigar a los cristianos por no cumplir la voluntad de Dios. Asi lo afirma en su comentario de Gálatas de 1535[35]. Rechazando el pensamiento de su época, al principio (entre 1517-18), Lutero estaba en contra de las cruzadas. Creía que participar de ellas era asunto del reino terrenal y no espiritual. Así que prefería ser oprimido por los turcos. Lo que proponía era consistente en declarar ante los turcos que erraban al enseñar una religión de obras y al no ver en Cristo Jesús el salvador del mundo. Pero esto cambió al sentir la presión escatológica de los turcos como instrumento del diablo. Sus tratados sobre *La guerra contra los turcos* (1529) y *La santidad de los turcos* (1529) expresan una actitud ambivalente hacia ellos. Cree que son un instrumento de castigo de Dios, pero amonesta a ir en batalla contra ellos y a contribuir a ese esfuerzo. Su razón es que los turcos impiden la causa del evangelio. Esta actitud se recrudece en los últimos días de su vida[36]. Hay que evitar de no caer en este fervor guerrero, como Lutero cayó impulsado por los acontecimientos del momento.

Tal fervor es inconsistente con lo que Lutero proclama sobre el discipulado de la cruz.

No cabe duda que durante este tiempo la intensidad que Lutero siente por la última etapa de su vida se destapa en esta manera áspera de expresarse ante los acontecimientos. Esta es también su manera de escribir contra los gobernantes que toman la causa de Roma y contra la Iglesia Católica Romana. Su lenguaje áspero y severo se dirige a ellos de la misma manera. Esto se puede percibir en sus tratados *Contra Hanswurst* (1541) y *Contra el papado romano, una institución del diablo* (1545)[37].

Comentario sobre Génesis (1535-1545)

Las clases de Lutero sobre Génesis tienen una trayectoria que cubre los diez últimos años de su vida. Lo termina solamente tres meses antes de morir en Eisleben. Este comentario cubre los diferentes aspectos de la teología de Lutero, tales como la creación, la condición de Adán antes y después del pecado, la naturaleza del pecado original, la justificación y otros temas importantes. Quisiéramos destacar aquí cómo Lutero ilumina la teología de la cruz como punto clave de su perspectiva y pensamiento reformador. Nos limitarnos a esa historia maravillosa en Génesis 45, donde José se da conocer a sus hermanos años después de haber sido vendido y entregado al cautiverio. Estos comentarios los escribió Lutero alrededor de enero del 1545.

En este comentario Lutero reflexiona sobre el conocimiento de Dios. Para él, este conocimiento es mayor que todo otro conocimiento. Este conocimiento es diferente al de los filósofos. Ellos especulan para llegar a algún conocimiento de Dios. Pero ese conocimiento es muy limitado. No se llega a conocer así la verdadera naturaleza de Dios y su voluntad. El verdadero conocimiento de Dios se adquiere de una manera práctica, fuera de la especulación metafísica. Se encuentra al conocer los caminos de Dios, sus máscaras, su evangelio y su Cruz. "Este es el verdadero conocimiento de Dios," explica Lutero, "conocer Su naturaleza y voluntad, la cual es revelada en la Palabra, donde Él promete que será mi Señor y Dios y me ordena a tomar esta voluntad por la fe"[38]. Esto ve Lutero en la vida de José. Se sometió a la humildad, a la presencia de Dios en su contrariedad, y fue allí donde encontró la presencia de Dios.

En este capítulo Lutero hace referencia de nuevo a Éxodo 33:18-23. Moisés quería ver la gloria de Dios para poder vivir y proclamar su presencia. Pero Dios le prometió solamente dejarle ver su espalda para realmente conocer su presencia[39]. Es bajo la cruz, continuaba proclamando Lutero, donde encontramos la presencia y misericordia de Dios. "Este ejemplo," comenta Lutero sobre la venta de José, "nos enseña también, que nosotros también no somos destruidos cuando somos afligidos y caminamos bajo la cruz, sino somos hecho salvos. Así es bajo la fe"[40]. Es bajo esta confianza que Lutero vive sus últimos días en esperanza a pesar de lo que acontecía en derredor.

A la luz de esta fe, Lutero esperó lo mejor de Dios. Para concluir este capítulo sobre la última etapa de la vida de Lutero, citemos al propio Lutero: "Entonces pues, el poder y la misericordia de Dios debe ser medida sobre nuestra flaqueza y pobreza, y finalmente sobre la muerte misma. Los alemanes tienen un refrán que dice 'Dios tiene más de lo que nos ha ya dado'. Dios tiene todavía más cosas y más ayuda de lo que nos ha ya regalado. Con este dicho querían ellos señalar la interminable y inexhausta bondad de Dios. Pues si morimos, en realidad no perecemos. No, vivimos si creemos su promesa. Y aunque Él deje que nuestra vida, nuestras posesiones, esposa e hijos sean desgarrados por el Papa o los turcos: ¿Pues qué pasará? La vida presente se quita para entonces restaurar otra y mucha mejor vida. Pues Dios puede dar, y por seguro dará, mucho más de lo que ya nos ha otorgado"[41]. Este fue su testamento como Reformador.

---

[1] Desafortunadamente no hay traducción de este documento vertida al español. En inglés la obra se encuentra en LW, los volúmenes 26 y 27 (WA XL 1-2).

[2] LW 1-8 (WA XLII-XLIV).

[3] *Libro de Concordia*, 292-330.

[4] LW 47, 137-301.

[5] Bente, 15.

[6] Comp. Schwiebert, 714-36 sobre Lutero y sus colaboradores en esta obra.

[7] David P. Scaer, *Getting into the Story of Concord* (Saint Louis, Concordia Publishing House, 1977), 48; Gideon and Hilda Hagstoz, Heroes of the Faith (Rapidan, VA: Hartland Publications, 1997 edition), 227.

[8] Robert Kolband Nestingen, James. *Sources and contexts of the Book of Concord*. (Minneapolis: Fortress Press, 2001), 106, 108, and 112. El texto de la Confutación aparece completo en esta obra.

[9] Robert Kolb and Timothy J. Wengert, editors. *The Book of Concord* (Minneapolis: Fortress, 2000), 295.
[10] *Libro de Concordia*, 300.
[11] *Libro de Concordia*, 301.
[11] *Libro de Concordia*, 301.
[12] *Libro de Concordia*, 326.
[13] Comp. *Artículos de Esmalcalda*, 2, II, 25; 2, IV, 10 y 14; 3, 11, 25. *Libro de Concordia*, 309-10; 317-18.
[14] Kittelson, Martin Luther, 271-73.
[15] OML 7, 139-277; LW 41, 3-178.
[16] LW 41, 150.
[17] Kittelson 263-268; Schwiebert, 735-39; Atkinson, 345-70.
[18] Schwiebert, 738-40.
[19] Kittleson, 256-61.
[20] Oberman, Martin Luther, 283-92.
[21] Oberman, 289.
[22] Von Loewenich, Martin Luther, 332-34
[23] Kittelson, 269-270. *La Declaración sólida de la Fórmula de Concordia* argumenta sobre el problema del antinomismo en el Artículo V, que trata sobre la relación de la Ley y Evangelio, *Libro de Concordia*, 602-08.
[24] LW 47, 99-119; WA 50, 468-77.
[25] LW 47, 114.
[26] LW 47, 114.
[27] LW 26, 348; WA 40, I
[28] Comp. Edwards, *Luther's Last Battles* (1531-46).
[29] LW 45, 200; WA 45, 195-96.
[30] LW 47, 137-306; WA 47, 121-306.
[31] LW 47, 137; WA 53, 417.
[32] LW 47, 265-66; WA 53, 53, 521.
[33] LW 47, 268-270; WA 53, 521-23.
[34] Comp. Gregory J. Miller, "Luther on the Turks and Islam," *Lutheran Quarterly* (Spring, 2000): 79-95.
[35] LW 27, 197.
[36] Miller, *"On the Turks and Islam"*.
[37] LW 41, 179-256, WA 41, 179-256; LW 41, 256-376, WA 41, 257-376.
[38] LW 8, 17.
[39] LW 8, 74.
[40] LW 8, 35.
[41] LW 8, 35.

PARTE III

La teología de Martín Lutero en el contexto del siglo XXI

PARTE III

La teología de Martín Lutero en el contexto del siglo XXI

14
La teología de la cruz como método teológico

La obra teológica de Lutero fue principalmente como un intérprete de la Biblia y pastor de la Reforma. Así lo estiman eruditos como Atkinson, Borkamm y Pelikan[1]. Lutero no era de por si un teólogo sistemático. No encontraremos uniformidad en su uso de la terminología ni tampoco mantiene todas sus posiciones de manera consistente. Así y todo podemos detectar un método dialéctico interpretativo en su teología de la cruz. Como lo declara Brunero Gherardini: "La teología de la cruz es la llave hermenéutica para la lectura y el estudio de Martín Lutero"[2]. La teología de la cruz es un principio que se encuentra en todo la teología de Lutero y que no se puede limita a un solo momento o período de su vida. Ya hemos hecho notar esto al señalar su teología de la cruz en varias de las etapas de su vida en la sección II de esta obra. La teología de la cruz se encuentra muy claramente expresada desde sus *Tesis de Heidelberg* de 1518 hasta su *Comentario sobre Génesis* de 1545.

"Pero para Lutero", como lo explica Walther von Loewenich, "la cruz no es solamente el tema de la teología: es la marca distintiva de toda teología. Tiene un lugar no solamente en la doctrina de la satisfacción vicaria, sino constituye un elemento integral del conocimiento cristiano"[3]. Otros eruditos sobre la materia, protestantes y católicos, han llegado a la misma conclusión[4]. Quisiéramos destacar aquí entonces esta marca distintiva del método de Lutero.

Gerhard Forde señala que en la teología de la cruz de Lutero vemos "un trastrueque de dirección" en la manera de hacer teología.[5] En el contexto de la teología medieval de la expiación vicaria, específicamente en la reinante explicación expiatoria de Anselmo, la cruz entra como un modelo para explicar cómo Dios salva y redime. Es un modelo lógico para explicar la relación del ser humano con Dios[6]. Para Lutero, la obra de salvación es de Dios. El trastrueque se encuentra en que en vez de nosotros darle a Dios lo merecido, Dios nos da su ser y persona específicamente en su Hijo encarnado, y en su cruz por nosotros. Esto Lutero lo muestra claramente en sus tesis de Heildelberg.

> Tesis 19: No se puede con derecho llamar teólogo, a aquel que considera que las cosas invisibles de Dios se comprenden por la creadas.

> Tesis 20: Mas merece ser llamado teólogo aquel que entiende las cosas visibles e inferiores de Dios, considerándolas a la luz de la Pasión y de la Cruz[7].

El ser humano no puede acercarse a Dios, ni estipular quién es Dios, por medio de sus teorías y conocimientos. En su *Catecismo mayor*, en la explicación del primer mandamiento, Lutero observa que esa manera de racionar nos ha llevado a crear dioses de acuerdo a nuestros propios intereses. Pero Dios no puede ser manipulado ni encerrado en un armario, ni puede llegar a ser una expresión de nuestras ideas[8]. Dios rompe con nuestra idolatría, con nuestras falsas seguridades, con nuestras inseguridades, con nuestra maldad, al entrar en nuestra historia. Dios nos reconcilia consigo mismo (2 Corintios 19:20). Esta reconciliación es segura y suya, pues está anclada en su realidad histórica y En su promesa. Así lo expresa Lutero en su comentario al Salmo 2:5 en *Operationes in Psalmos*: "Cristo es nuestro Monte Moriah pues Dios no reconoce ni ve a nadie que no se ofrezca y viva en este lugar, esto es sobre Cristo y en Cristo, pues los ojos de Dios solamente miran allí. Y consecuentemente él es la montaña sobre la cual Dios mirará eternamente"[9]. El ser humano no encuentra en la cruz de Cristo una seguridad de su propia condición humana. La cruz nos hace romper con esas seguridades, que son en realidad nuestras inseguridades. La cruz nos lleva a nosotros también al Monte Moriah, para romper con nuestras explicaciones de

Dios, y crear nuevas situaciones de vida, de amor y de esperanza. Esto es lo que explica la tesis 20 en relación a la tesis 19 de Heildelberg.

La seguridad de la reconciliación de Dios se manifiesta en que estamos dispuestos a ver nueva manera de ver las cosas bajo la visión de la cruz. La cruz nos hace ver el mundo de acuerdo a la presencia de Dios. De aquí parte el trastueque de la teología de la cruz. La misma no nos llama a explicaciones sino a la ruptura del viejo orden pecador. Nos llama a ser teólogos de la cruz al vivir la realidad de Cristo a favor de nosotros. No puede hacerse teología sin la praxis del discipulado de la cruz. Es en esta praxis donde vivimos la proclamación del Cristo en pro nuestro en su nueva realidad de vida y perdón.

Para reflexionar sobre este tema de manera más precisa, sería oportuno mostrar la cruz como clave interpretativa de Lutero bajo cuatro temas o dimensiones de su teología: la contracultural, la encarnación radical, la soteriológica, la sacramental y la escatológica.

La dimensión contracultural

Cuando Lutero formuló sus *Tesis de Heildelberg*, ya había completado sus clases sobre Romanos. Como ya hemos visto en el capítulo 5, en Romanos Lutero reconoce a la luz de Pablo nuestra total pecaminosidad ante Dios. Su crítica entonces del "teólogo de gloria" no es meramente una crítica a la teología de las buenas obras promulgada por Roma. Es una crítica de nuestro pecado integral y total ante Dios. Está impactada por la justificación por la fe. Dios nos condena, pero a la vez nos llama como acto suyo a una nueva vida. Esta es la dialéctica bajo la cruz. Se pudiera decir que es una dialéctica de Ley y Evangelio. Pero aquí la Ley no se encuentra muerta ni estancada como idolatría sino que se muestra activa en la particularidad del presente. Solamente aquí es donde el Evangelio llega a ser activo en la particularidad de la promesa de nueva vida. Por eso la cruz puede vivir como dimensión contracultural en la dialéctica de Lutero.

La cruz como dimensión contracultural sirve como crítica contra todos los altares alzados a la imagen de nuestros ídolos. Estos altares destruyen nuestras vidas y nuestra propia cultura. En esta visión idólatra llamamos bueno a lo malo que hemos fabricado. De la misma manera, llamamos malvadas y feas las cosas buenas y bellas creadas por Dios. Así despreciamos la creación de Dios. Es a la luz de esta realidad que Lutero ofrece esta crítica en su tesis 21: "El teólogo de la gloria llama a lo malo, bueno y a lo bueno malo; el teólogo de la cruz denomina a las cosas como en realidad son"[10]. En esta tesis Lutero se refiere específicamente a nuestra común condición humana de soberbia y rechazo de Dios. El Reformador no está comentando específicamente sobre la cultura. Así y todo, sabemos que por cultura mayormente nos referimos a todo lo que como seres humanos hacemos y creamos para la vida. Dios en realidad bendijo a sus criaturas en la creación para forjar un mundo, una cultura de acuerdo a su obra creativa (Génesis 1:28). Es por la soberbia y el pecado que se construyó la Torre de Babel (Génesis 11) y se corrompió lo bello de Dios y lo creado por manos humanas.

Nuestra condición humana desfigura las cosas que construimos en la sociedad y la iglesia. Es por eso que la dimensión contracultural es tan importante para la teología de la cruz de Lutero. La violencia, la maldad, la denigración de la dignidad humana han abundado contra nuestra propia cultura y en nuestra cultura. Por eso hay que nombrar lo que es malo, bueno, y lo que es bueno, malo; en la dinámica contracultural de Lutero. Esta es la dialéctica de condenación y nueva vida.

Ya hemos hecho mención de la teología de la cruz de Lutero en su comentario sobre el *Magnificat*. No cabe duda que por motivo de nuestro pecado institucional y personal en cada sociedad y cultura existen la opresión de personas y pueblos. Tomando en cuenta las *Tesis de Heildelberg*, podemos notar bajo nuestros contextos culturales una opresión de personas por los grupos dominantes. Podemos llamar lo malo bueno y malo lo bueno. Los inmigrantes, por ejemplo, son tomados como menos o hasta veces criminales por quienes son parte de una cultura o institución. El llamado de la tesis 21, como la voz de María en el *Magnificat*, es, en la teología de la cruz de Lutero, un acto contracultural. Esas culturas de dominio son quebrantas para Dios crear una nueva cultura de reconciliación. Recordemos lo dicho por Lutero: "el Espíritu Santo le enseña [a María] este profundo conocimiento y sapiencia de que Dios es un Señor cuyas acciones no son otra cosa que ensalzar lo humilde, y abatir lo alto, es decir, en pocas palabras, romper lo que está hecho y rehacer lo que está roto"[11]. La cruz invade, rompe, todas nuestras situaciones de pecado y opresión para crear nuevas vidas, nuevas situaciones y nuevos espacios de solaridad.

En el caso de María, su voz no solamente exalta lo humilde, llamando lo malo bueno, sino que también cambia la realidad de quiénes son los importantes para comunicar la realidad de Dios. Existe un cambio contracultural dentro su misma cultura y contexto. Se ve en ella que no solamente los hombres son portadores y únicos intérpretes de la realidad de Dios. María rompe los patrones culturales como teóloga de la cruz y crea, impulsada por el Santo Espíritu, una nueva manera de ser comunidad. Esto está latente, aunque no siempre evidente, en la teología de la cruz de Lutero. La dimensión contracultural, como bisturí evangélico, rompe no solamente con los ídolos creados entre culturas sino también con los ídolos intra-culturales.

Por esta razón la cruz como dimensión contracultural comienza a crear puentes más particulares y a la vez más universales de reconciliación. Dios rompe nuestros moldes para crear en su amor y perdón incondicional nuevos espacios de libertad. Así somos llamados al discipulado de la cruz. Este discipulado, como vimos al estudiar el *Tratado sobre la libertad cristiana*, nos llama a romper con nuestro control del otro al darle cabida a nuestra comunión en lo cual hay auténtica libertad[12]. La cruz nos llama a romper el espacio limitado del "Yo" para dar cabida a nuestra comunidad en Cristo como verdadero espacio de fe. Allí, bajo esta prioridad de amor hacia la comunidad del prójimo, nace la verdadera libertad. Nace, pues morimos al Yo y nacimos al Cristo crucificado quien camina con nosotros creando y viviendo esa comunión de amor. Para comprender la profundidad y el fundamento de esta dialéctica es importante reconocer la dimensión de la encarnación como soteriología radical en la cristología de Lutero.

La encarnación como soteriología radical

En la teología de Lutero no se puede separar la persona de Cristo de su obra salvífica. La cristología esta íntimamente unida a la soteriología. Como lo confesa Lutero, Jesucristo es mi, Señor que me ha redimido a mí'"[13]. La encarnación es la marca de cómo Dios toma radicalmente la carne humana para llegar a salvarla y darle nueva vida. En el pensamiento de Lutero este hecho se desenvuelve en la vida de Cristo entre nosotros. Cristo siempre se ve en su historia, desde abajo, y no solamente como explicación dogmática. Como explica Lutero: "Cristo debe ser conocido como hombre antes de ser conocido como Dios; y primeramente debemos seguir y entender el camino de su cruz y su humanidad antes de que conozcamos la gloria de su divinidad. Cuando lo tomemos como hombre, inmediatamente nos llevará a conocerlo como Dios"[14]. Consecuentemente no hay separación entre el Jesús histórico y el dogma. El tema principal de la encarnación como señal radical de la soteriología es cómo Cristo Jesús vive y nos salva en nuestra historia.

El tema central en la cristología de Lutero es que Dios sufre por nosotros en la persona de Cristo. Su perspectiva teológica sobre la cristología y la soteriología se basa en un teopasionismo o deipasionismo y no en un patripasionismo[15]. Quiere decir que Lutero no pone en la cruz al Padre a morir, sino es el Hijo, quien es Dios, el que muere en la cruz. Este es su tema específico y radical. Dios entra en nuestra historia para tomar nuestro lugar y vivir con nosotros en su historia de salvación. El único Dios que Lutero reconoce es el Dios revelado en Cristo Jesús. Es importante, aunque brevemente, notar de dónde surge la cristología de Lutero como una encarnación radical. Lutero siempre mantiene que es Dios quién toma nuestro lugar y vive con nosotros en toda nuestra humanidad.

La Cristología de Lutero procede de las enseñanzas del Concilio de Calcedonia (451 d.c.). Para Lutero hay que afirmar dos naturalezas, la divina y humana, unidas en la persona de Cristo Jesús. Lutero toma la identidad de Cristo en la unión personal de Dios y hombre, para afirmar su conclusión: Dios toma nuestro lugar, nuestro dolor y condición humana. Para esto emplea la llamada *communicatio idiomatum*, la doctrina de la comunión de las dos naturalezas en la persona de Cristo Jesús de tal modo que los atributos de la naturaleza humana se aplican también a la otra. Así expresa esta comunión en su *Tratado sobre los concilios y la iglesia* (1539): "Pues los cristianos debemos atribuir a la persona de Cristo los *idiomata* [predicados] de ambas naturalezas, todos por igual. Es decir, Cristo es Dios y hombre en una persona. Por ello, lo que se dice de él como hombre, debe afirmarse también como Dios, a saber, Cristo murió y Cristo es Dios, por tanto Dios murió, no el Dios separado, sino el Dios unido con la humanidad"[16]. Cristo no podía estar con nosotros para nuestra salvación "a menos que se hiciera un hombre igual a nosotros, de modo que se pueda afirmar que Dios murió y se pueda hablar de la pasión de Dios, de su sangre y su muerte. Pues Dios en su naturaleza no puede morir, pero estando unidos Dios y hombre en una sola persona, bien puede hablarse de la muerte de Dios cuando muere el hombre que con Dios es una sola cosa o una persona"[17]. Para Lutero la *communicatio idiomatum* llega a ser entonces el medio teológico para articular que Dios en Cristo Jesús realmente sufrió y murió. De aquí parte el principio radical de la encarnación. Pero las explicaciones de Lutero parten siempre de sus reflexiones bíblicas, particularmente encontradas en San Juan y Pablo[18].

Para Lutero el sufrimiento de Dios es un misterio incomprensible bajo la razón humana, pero muy necesario para el entendimiento y desarrollo de la soteriología. Así y todo no es un sufrimiento o comunicación en abstracto sino en concreto en la persona de Cristo Jesús. Esto lo enfatiza muy particularmente en su *Diputación sobre la divinidad y humanidad de Cristo* (1540). Aquí rechaza Lutero la idea que la deidad en Cristo no sufre[19]. "Esta es la comunicación de atributos. Estas cosas que Cristo sufrió son atribuidas a Dios pues ellos son uno"[20]. Se puede percibir aquí que Lutero transciende la cristología alejandrina al afirmar que la comunicación real no solo es un movimiento de la divinidad a la humanidad sino también de la humanidad a la divinidad en la Persona de Cristo. Como observa Lienhard, la originalidad de Lutero en afirmar la comunicación de atributos fue tomar de la rama oriental de la iglesia, la categoría de la *perichoresis*, que ofrece una real interpenetración entre las dos naturalezas, para afirmar que las dos naturalezas se ven unidas como "el fuego al acero"[21]. Aquí Lutero se apropia de la corriente que se mueve de los padres capodocios a Juan de Damasco pasando por de Cirilo de Alejandría. Lo importante aquí es que Lutero se declara definitivamente en contra de la *apatía* de Dios afirmada por la imagen platónica de un Dios impasible e inmutable. Dios sufre en la persona de Cristo Jesús. Para Lutero: "Es incomprensible que Dios haya sufrido, inclusive lo es hasta para los ángeles..."[22]. Pero es un misterio que tiene que ser proclamado y empleado en nuestra apropiación de la doctrina de salvación, la soteriología. Por este motivo la soteriología deja de ser una mera explicación, pues se encarna en la presencia real de Dios con nosotros y por nosotros.

Esto implica mucho para la historia de salvación. Como explica Lutero en un sermón sobre Filipenses 2 [1525], Dios toma forma de siervo, siendo verdaderamente un ser humano sin abandonar su identidad y lugar como Dios. De aquí parte la paradoja más intensa sobre su presencia entre nosotros[23]. Dios se encuentra como tal en unión a su condición humana tomando nuestro lugar. Toma el pecado, toma el dolor de toda la humanidad para redimirla y salvarla. Es bajo esta vida y obra que Cristo Jesús nos recibe y llama a nueva vida.

Mientras que el amor del ser humano es creado por el objeto amado, explica Lutero, lo contrario es el amor de Dios, pues no encuentra sino crea el objeto de su amor: "... "Los pecadores son seres hermosos porque son seres amados, no son seres amados porque son hermosos. Es por esto que el amor humano desprecia a los pecadores y a los malvados. Como Cristo nos declara, 'Porque no he venido a llamar a justos sino a pecadores' [Mateo 9:14]. Y esto es lo que el amor de la cruz significa. Es un amor que nace de la cruz, que abraza no a lo que puede disfrutar sino a lo que puede dar de su bien a los malos y necesitados. Pues 'Más bienaventurado es dar que recibir', así como nos lo explica el Apóstol [Hechos 20:35]. Como el Salmo 41:1 declara: 'Bienaventurado el que piensa en el pobre y necesitado'. Pues ya que a la razón del ser humano natural no puede tener o entender como objeto de su amor lo que es nada (me refiero aquí al pobre y necesitado) sino solamente recibe lo que considera bueno y verdadero, por lo tanto juzga de acuerdo a las apariencias externas. Así mira hacia la humanidad y juzga por lo externo a los seres humanos"[24].

Aquí encontramos lo radical de la justificación por la fe bajo la doctrina de Lutero sobre la encarnación. Cristo nos llama por medio de la fe a ser suyos. Somos declarados absueltos de nuestro pecado por medio de una acción externa. Pero es una acción que toma parte de nuestra realidad. Al Cristo Jesús asumir nuestra realidad toma a toda la humanidad y sus problemas como suyos. En esta realidad Dios crea bajo su amor radical una nueva oportunidad y realidad para todos los seres humanos. Es un amor particular, pues toma nuestra particularidad para redimirla; pero es universal al ser el acto de Dios que crea nueva vida en todas nuestras particularidades. En este hecho tenemos una satisfacción vicaria universal y no limitada. Dios ofrece su promesa y amor en un acto concreto para todos que culmina en el amor de la cruz. Esto es lo importante de la encarnación como dimensión radical de la soteriología en la teología de Lutero.

La dimensión sacramental

Ser teólogos de la cruz implica llevar, vivir y hacer una teología en comunidad. Desafortunadamente la obra evangelística de la iglesia se limita muchas veces a solamente llevar a individuos del pecado a la gracia. También se ha visto la obra evangelística como algo que se hace de individuo a individuo. Aquí no se cuestiona que el individuo debe confesar a Cristo y que necesita oir el evangelio para llegar a la fe (Romanos 10:17). Pero esta proclamación del evangelio nos compromete a un testimonio sacramental en el Nuevo Testamento. Esta es una vida en comunidad donde el pueblo de Dios ejerce la vocación de la cruz.

El bautismo como acto sacramental

Ya hemos comentado sobre el lugar del bautismo en la teología de Lutero. Aquí quisiéramos hacer referencia específicamente a sus comentarios basados en Gálatas 3:27: "[P]orque todos los que han sido bautizados de Cristo, han sido revestidos de Cristo". Para Lutero el ser bautizados no es un "signo vacío ni pequeño"[25], porque todos aquellos que son bautizados son entonces revestidos de Cristo. Cristo Jesús es un hecho y acto sacramental donde él vive en la vida de todos los bautizados. Y todos, en comunión con Cristo, vivimos su nueva vida. Ese acto sacramental nos llama a vivir el discipulado de la cruz. Lutero aclara: "Consecuentemente Pablo enseña que el Bautismo no es un signo sino la vestidura de Cristo, en realidad que Cristo mismo es nuestra vestidura. Por tanto el Bautismo es algo muy poderoso y efectivo. Pues cuando nos hemos revestido de Cristo, el vestido de nuestra justicia y salvación, entonces estamos también revestidos, del vestuario de su imitación"[26]. Esta vida en el camino de la cruz de Cristo Jesús procede del evangelio y no de la ley. Es la actividad de la nueva criatura en Cristo. Es la obra del pueblo de Dios como comunidad del Espíritu Santo. Llegamos por medio del bautismo a revestirnos de Cristo para vivir la radicalidad de su encarnación en la proclamación de la justificación por medio de la fe. Veamos, entonces, brevemente como esta realidad de la cruz es poderosa en el sacramento de la Santa Cena.

La Santa Cena como acto sacramental de los discípulos de la cruz

Lutero proclama poderosamente la vocación sacramental de la cruz bajo la Santa Cena. Esto lo podemos percibir en su sermón "El bendito sacramento del santo y verdadero cuerpo de Cristo, y la hermandad" [1519]. Dedica este sermón al real sacerdocio de todos los creyentes. Aquí insta particularmente a los laicos en la iglesia a vivir la vocación de la cruz de una manera sacramental. Lutero encuentra en la Santa Cena una vida en común, una koinonía, una verdadera participación del uno con el otro en nuestro testimonio de Cristo. El significado de este sacramento es "que Cristo y todos los santos son un cuerpo espiritual"[27]. El participar en el cuerpo y la sangre de Cristo implica nuestra participación en la vocación de la cruz: "Por consecuente en este sacramento el sacerdote le ofrece al ser humano un signo confiado por Dios mismo por cuanto el [comulgante] se une a Cristo y todos sus santos, y lleva todas las cosas en común [con ellos], donde los sufrimientos y vida de Cristo son suyos, en comunión con la vida y los sufrimientos de todos los santos"[28]. La encarnación radical se vive en la vida de salvación sacramental. Se vive en comunidad con todos los hijos de Dios.

En esta visión sacramental Lutero se basa en las palabras de Pablo en 1 Corintios 10:17. Todos somos un cuerpo, y como un cuerpo luchamos hasta por el más pequeño del cuerpo aunque parezca insignificante. Lutero insta entonces a tomar el costo del discipulado para cuidar y tomar la causa de nuestras hermanas y hermanos. Basado también en la visión sacramental sobre el bautismo en 1 Corintios 12:25-26, concluye: "Los miembros tienen el mismo cuidado uno del otro; si uno sufre, todos sufrimos unidos; si uno es honrado, todos somos honrados"[29].

Consecuentemente vemos que Lutero aplica su teología de la cruz bajo la dimensión sacramental. Los sacramentos señalan la salvación de Dios, no como una señal vacía donde solamente buscamos nuestra salvación y seguridad personal, sino, que son la acción de Dios sobre nuestro pecado, donde nos llama a una nueva comunidad para ejercer su presencia a favor de todos. Bajo este hecho sacramental vivimos el gozo y el costo de nuestro discipulado. Somos así el pueblo de Dios orientado a nueva vida. Esta nueva vida se hace más evidente cuando consideramos la dimensión escatológica de la cruz en la teología de Lutero.

La dimensión escatológica

Al reflexionar aquí sobre la dimensión escatológica no hacemos referencia a cómo Lutero entiende sobre los días finales o la segunda venida de Cristo al mundo. Lutero, aunque no quiere especular, se mueve en el ambiente de su tiempo que espera la llegada de Cristo pronto. Pero no es a esto que hacemos referencia aquí. Lo que queremos acentuar aquí es la relación que Lutero establece entre la vida vieja y la nueva, las dimensiones de ser pecador y justo a la misma vez, la vida de la comunidad cristiana entre lo ya logrado y lo por lograr. Es en esta relación de la vida del cristiano entre lo que se tiene y no se tiene en la vida de salvación que se encuentra el meollo de la escatología de Lutero. En esta dialéctica entre justo y pecador se ve la dimensión escatológica de su teología de la cruz[30]. Ulrich Asendorf y Thomas Torrance, acentúan esta dialéctica principalmente en la relación que existe entre la escatología y la justificación por la fe[31]. Asendorf particularmente señala que esta dimensión escatológica se hace posible en Lutero bajo "la unidad clara que existe entre la cristología y la justificación por la fe"[32]. La cruz es el lugar donde Dios reta siempre nuestra justicia humana con su justicia perenne[33]. Nos llama del pasado y presente a una nueva situación.

Torrance ofrece varios ejemplos de esta dialéctica donde bajo su justificación Dios reta nuestra justicia humana para llamarnos a una nueva realidad de vida. Esto lo ve en sus *Comentarios sobre Gálatas* (1535) y *Romanos* (1519)[34]. Aquí quisiéramos tomar un ejemplo de Romanos 4:7. Lutero comenta sobre esta relación en fe: "Por cuanto los santos siempre tienen ante la vista su pecado y ruegan a Dios que le otorgue la justicia conforme a su misericordia, Dios también los tiene por justos... De hecho son pecadores, pero son justos en esperanza"[35]. Para Lutero, el ser humano vive diariamente en fe la realidad de su pecado, y en esperanza la realidad de que ya ha sido declarado justo ante Dios. Esta realidad orienta al cristiano a no ver a la satisfacción vicaria ni la justificación como algo conveniente donde Dios restablece al cristiano a su santidad. Esta sería la llamada *restitutuo ad integrum*, una restauración a la santidad pasada. Nuestra santidad es al contrario escatológica porque vive, se nutre del llamado de fe a vivir bajo la cruz de Cristo. Esto quiere decir que la dimensión escatológica es un llamado diario de Dios a una nueva vida de acuerdo a su futuro para nosotros. No se basa en el pasado, sino en un llamado presente a una nueva vida futura. Esto ya lo hemos visto en varios lugares donde Lutero trata sobre la relación del cristiano con su fe bautismal.

Comentado sobre Gálatas 3:27 acerca de nuestra realidad escatológica bajo el Bautismo Lutero dice: "[P]ues ser revestido de Cristo de acuerdo al Evangelio no es imitarlo sino que es un nuevo nacimiento y una nueva creación, propiamente que soy revestido de su inocencia, justicia, sabiduría, poder, salvación, vida y Espíritu... Pues en quienes han sido bautizados en Cristo una nueva luz y llama resurge; nuevas y devotas devociones nacen, tales como el temor y la confianza en Dios y la esperanza..."[36]. Vivimos bajo el Espíritu su nueva relación con nosotros hacía el futuro. De aquí parte la dimensión escatológica. En Cristo caminamos la realidad de la salvación como nuestro futuro presente. Así nos llama Jesús a vivir y obrar nuestra realidad de fe. La salvación no es algo estancado sino algo continuamente vivido y realizado como teólogos de la cruz. Es bajo esta realidad que vivimos, según Lutero, en el Reino de Cristo. Este reino, aunque no visible, es evidente bajo este camino, esta dialéctica de fe. Dios nos llama así a su nueva creación, y nueva vida bajo la cruz[37]. Bajo la dimensión escatológica de la cruz, el cristiano, entonces, no vive cómodamente en su salvación, ni frustrado por la maldad en el mundo. En su camino de la cruz, vive diariamente la visión de una nueva realidad, una nueva vida a pesar de la maldad en sus acciones de fe.

Es importante señalar aquí que Lutero siempre mantiene esta realidad escatológica a la luz de la resurrección. Desde sus primeras clases sobre los Salmos, podemos percibir que hay siempre una unión entre la cruz y la resurrección. La cruz siempre esta ligada al poder de la resurrección[38]. Es interesante lo que dice Lutero sobre la relación entre la resurrección y los mártires en sus comentario sobre el Salmo 60, versículo 7, donde se menciona a "Galaad". Galaad se interpreta como la "pila de testimonio" o la "pila del Evangelio". Esta pila son los que han dado testimonio fiel de la Palabra. Para Lutero Galaad representa aquellos mártires que han sido guiados bajo el poder de la resurrección. Representa así también a los apóstoles, a los primeros cristianos, y a todos los que viven en la iglesia bajo esta misma visión escatológica. La obra de la cruz está anclada en la realidad y poder de la resurrección. Así la explica Lutero: "Ellos son llamados Galaad por su obra de martirio, así es, por todas sus obras y maravillas, pues por medio de ellos todos dan testimonio concerniente a Cristo y a la vida que ha de venir. Consecuentemente son ellos la pila de testimonio, esto es, un número o multitud, de aquellos que con gran poder dan testimonio de la resurrección de nuestro Señor Cristo Jesús (Hechos 4:33)"[39]. Nótese que aquí toma Lutero como punto de referencia a Hechos 4: 33, donde se practica una salvación integral bajo el poder de la resurrección. Para Lutero, como lo declara en más de uno de sus sermones, la resurrección es definitivamente un mensaje integral sobre la obra de redención. La resurrección declara siempre la victoria sobre todos los poderes de la maldad y el pecado[40]. Así que sufrir con Cristo por nuestros hermanos y hermanas y con ellos, o sufrir por declarar el mensaje de amor, reconciliación y justicia bajo la cruz no es un sufrimiento en vano. Este no es un sufrimiento impotente, sino que es un sufrimiento en la realidad de la resurrección de Cristo. Es un sufrimiento bajo la visión escatológica de la realidad de la cruz en beneficio nuestro. Es vivir el mensaje concreto de la cruz en el amor y la esperanza de la resurrección como discípulos de la cruz.

---

[1] Comp. Atkinson, *Martin Luther*, 10-12; Heinrich Bornkamm, *Luther and the Old Testament* (Philadelphia: Fortress Press, 1969), 225-60; Jaroslav Pelikan, Luther The Expositor (St. Louis: Concordia Publishing House, 1959), 46-65.

[2] Brunero Gherardini, "La Theologia Crucis Chiave Ermeneutica Per La Lettura E Lo Studio Di M. Lutero," *Doctor Communis* 28 (1975): 252-90.

[3] Walther von Loewenich, *Luther's Theology of the Cross* (Minneapolis: Augsburg Publishing House, 1976), 17-18.

[4] Entre los eruditos protestantes encontramos a Regin Prenter, *Luther's Theology of the Cross* (Philadelphia: Fortress Press, 1966), 2; Alister McGrath, *Luther's Theology of the Cross* (Oxford: Basil Blackwell, Inc, 1986), 1-2; Gerhard Ebeling, *Luther: An Introduction to His Thought* (Philadelphia: Fortress Press, 226-28; Heinrich Bornkamm, *Luther's World of Thought* (St. Louis: Concordia Publishing House, 1958), 3; Liehard, *Witness to Jesus Christ*, 65-66. Entre los cátolicos podemos

mencionar a Joseph Lortz, *The Reformation in Germany* (New Cork: Herder and Herder, 1968) 1:208-10; Otto H. Pesch, *Hinführung zu Luther* (Mainz: Matthias-Grünewald Verlag, 1982), 89-90; Giovanni Miegge, *Lutero* (Milano: Feltrinelli economica, 1977), 138-40.

[5] Gerhard Forde, "Luther's Theology of the Cross," en Carl E. Braaten y Robert Jenson, *Christian Dogmatics* (Philadelphia: Fortress Press, 1884) II: 47-48.

[6] Comp. Alberto L. García, Cristo Jesús: Centro y praxis del pueblo de Dios (Saint Louis: Missouri, 2006), 99-104.

[7] OML 1, 31.

[8] *Libro de Concordia*, 382-83.

[9] WA 5, 58.17-18.

[10] OML 1, 31.

[11] OML 6, 380.

[12] OML 1, 150-51.

[13] Tomado de su explicación al Segundo Articulo de Credo Apostólico, Libro de Concordia, 359.

[14] WA 5: 129, 9-10. Tomado del Segundo Comentario a los Salmos (1519-1521). Comp. García, *Cristo Jesús*, 13-16. Comp. el comentario de Lutero sobre Hebreos 2:14 en CML 3, 176-79.

[15] Comp. Lienhard, *Witness to Jesus Christ*, 171-72; Dennis Ngien, *The Suffering of God According to Luther's Theologia Crucis'* (Oregon: Wipf and Stock Publishers, 2001), 69-80.

[16] OML 7, 212.

[17] *La Fórmula de Concordia en el Artículo VII toma esta cita como punto critico en la cristología de Lutero. Libro de Concordia*, 652. La cita aparece en OML 7, 213.

[18] Comp. LW 22: 362, 492-93 (Comp. estas citas en castellano en CML, 8); LW 24: 23; LW 26; 265; WA 45, 300, 37ff , en Lienhard, *Witness to Jesus Christ*, 338.

[19] Comp. WA 39/2: 9-105. Ngien en *The Suffering of God*, 77-86.

[20] WA 39/2: 121, 1-2. Tomado de Ngien, 81. La cita lee en Latín: *Est communicatio idiomaticum. Illa, quae Christus passus est, tribuuntur etiam Deo, quia sunt unum.*

[21] Lienhard, 341.

[22] Cita traducida de la cita en Latín de Ngien, 83. Tomada de WA 39/2: 279,26: *Est incomprehensible quod Deus passus est, id quod etiam angeli non satis comprehendunt et admirantur.*

[23] Com. Leinhard, 172-175. WA 17, 2, 237ff.

[24] Desafortunadamente esta explicación fue omitida en las OML y en LW. Pero la misma aparece con todas las explicaciones de Lutero sobre esta diputación en James Atkinson, ed., *Luther Early Theological Works* (Philadelphia: The Westminster Press, 1962), 265.

[25] LW 26, 353.

[26] LW 26, 353.

[27] LW LW 35, 50-51; WA 2, 743.

[28] LW 35, 52; WA 2, 744.

[29] LW 35, 52.

[30] Comp. especialmente el ensayo por T.F. Torrance, "The Eschatology of Faith: Martin Luther," en *Luther: Theologian for Catholics and Protestants* (Edinburgh: T & T Clark, 1985), 145-213.

[31] Ulrich Asendorf, *Eschatologie bei Luther* (Götttingen: Vandenhoeck & Rupprecht, 1967), 12-48; Torrance, "The Eschatology of Faith," 148-52.
[32] Asendorf, *Eschatologie bei Luther*, 12.
[33] Asendorf, 12-15.
[34] Torrance, "The Eschatology of Faith, 148-50.
[35] OML 10, 166; WA 56, 269.
[36] LW 26, 352-53.
[37] Torrance, "The Eschatology of Faith," 159-66.
[38] LW 10, 372.
[39] LW 10, 279.
[40] Lienhard, *Witness to Jesus Christ*, 183-84. Aquí Lienhard comenta sobre los sermones de 1522.

15
La importancia de Lutero para hoy

¿Qué nos proponemos brindar como la importancia de Lutero para hoy? Pretendemos ver a Lutero aquí principalmente como teólogo de la cruz y cómo esto ofrece una contribución a nuestro contexto hispanoamericano en los Estados Unidos. Queremos situarnos como teólogos y teólogas de la cruz en este contexto. Pero para emprender esta tenemos que mencionar algunas de las obras que se han publicado acerca de la importancia de Lutero para nuestro contexto y tiempo.

Desde el 1983, cuando se celebraron los quinientos años del nacimiento de Lutero, varias obras han explorado su significado como reformador y teólogo para la época contemporánea. La obra titulada *Martín Lutero y la Mente Moderna*, editada en inglés por Manfred Hoffmann y publicada bajo el título *Martin Luther and the Modern Mind*, es una de esas obras. Hoffmann busca ver cómo Lutero ha contribuido en áreas tales como la libertad cristiana, la antropología cristiana, la iglesia en relación al estado, y la libertad de pensamiento[1]. Otra obra similar es la de Eberhard Jüngel, titulada *La libertad cristiana: El significado de Lutero para la teología contemporánea*. De nuevo sobresale el tema de la libertad, específicamente el tema de la libertad cristiana con relación a la época moderna. Otra obra en la misma perspectiva es la editada por Peter Manns y otros bajo el título *El significado ecuménico de Lutero*[2]. Aunque estas obras tratan sobre temas importantes, tratan sobre cómo Lutero es relevante al pensamiento moderno. Consecuentemente no se ocupan de los temas más importantes para nuestra teología hispanoamericana. Esto es: ¿Cómo podemos hacer teología y caminar con Jesús a la luz de nuestro mestizaje y mulatez en nuestro contexto histórico y cultural en verdadera comunidad y acción como el pueblo de Dios?

Con motivo de la misma celebración la *Revista Eclesiastica Brasileira*, redactada entonces por Leonardo Boff, dedicó su número de diciembre, 1983 al tema de "Lutero entre la Reforma y la Liberación". Otra obra con la misma perspectiva es la del brasilero luterano, Walter Altman publicada como *Confrontación y liberación: Una perspectiva latinoamericana sobre Martín Lutero*[3]. Aquí se tratan temas tradicionales de Lutero como su cristología, la justificación por la fe, y la iglesia, todos a la luz de la hermenéutica de la teología de la liberación. Esta teología busca una praxis liberadora de Dios ante el pecado y opresión colectiva basándose en un análisis concreto de la historia y de la situación económica. Otra obra más reciente es el ensayo de Vítor Westhelle que lleva como título *Dios contra Dios, o por qué Martín Lutero es importante para una teología latina*[4]. En este ensayo Westhelle toma también la teología de la cruz en Lutero como método hermenéutico. Aquí ofrece la visión de la cruz como crítica de los contextos de opresión con vista a nuevas perspectivas y espacios escatológicos de libertad. Pero lo ofrece tomando una posición subjetiva y negando la muerte de Jesús como punto objetivo en la vida de Dios y del pueblo de Dios. Tomemos, entonces, aquí un momento para discernir cómo la teología de Lutero puede tener un lugar en nuestra realidad hispanoamericana.

La obra de Altmann muestra que la justificación por la fe en Lutero es un concepto liberador en tres importantes dimensiones[5]. Primero, localiza al individuo justificado en el contexto más amplio de la historia de salvación de Jesús. Ve aquí en la historia del Cristo pobre y rechazado su salvación a nuestro favor. Aquí Altmann, ve, y veo yo, una de las mayores contribuciones de Lutero a nuestra obra teológica hoy. Nos ayuda a poder ver a Jesús como Galileo y a la luz de su particularidad mestiza. Hicimos mención de esto en el capítulo anterior al tratar de la dimensión encarnacional radical en la soteriología de Lutero. La obra de Cristo es la salvación de la persona pero va mucho más allá. Esta es una salvación integral. La liberación presentada por Lutero tiene también de acuerdo a Altmann una dimensión histórica. Bajo esta dimensión entiende que la justificación lleva un factor crítico y reformador ante los sistemas eclesiales y civiles dominantes de su época. Existe bajo esta dimensión una posibilidad de negación de lo malo, y de una nueva perspectiva bajo el llamado de la justificación. Esto también hemos hecho evidente al discutir las dimensiones contracultural y escatológica de la cruz en el capítulo anterior. Boff, siguiendo a Tillich, ve aquí también la intuición fundamental de Lutero, "Pues él se subleva, contra la prepotencia del poder sagrado... contra lo histórico que se presenta como divino. El espíritu protestante desenmascara los ídolos religiosos y políticos que se limitan simplemente a legitimar al status quo"[6]. Segundo, Altman observa que la justificación como Lutero la entiende nos lleva a una vida activa en amor hacia nuestro prójimo como genuina libertad. Usa aquí el tratado *La libertad del cristiano*. Hemos hecho también mención de esto en el capítulo pasado al afirmar la cruz como dimensión sacramental en el pensamiento de Lutero. Tercero, podemos concordar con Altmann en que la justificación por la fe, en el contexto de la teología de la cruz de Lutero, tiene gran significado para nuestra vocación como teólogos de la cruz. Nos permite tomar en serio el contexto histórico, que para nosotros implica también lo cultural, y nos invita a criticar todos nuestros ídolos para buscar una salvación integral. Así nos llama a una vida de acción en amor al prójimo.

Estamos de acuerdo con la apropiación de Vítor Westhelle de la teología de la cruz de Lutero, al ver la como la contribución más importante a la teología en América Latina. La cruz nos localiza con Lutero en la crítica de los ídolos del presente y nos llama a nueva vida bajo nuevos espacios de libertad. Pero carece Westhelle del elemento tan importante de la cruz como dimensión sacramental. Solamente allí podemos bajo nuestra comunión bautismal y con el cuerpo de Cristo participar del sufrimiento del pueblo crucificado. Pero creo que implica mucho más. Aquí Westhelle, como Altmann, y como Jürgen Moltmann, ignora la objetivad ontológica de la cruz que Lutero expresa con una perspectiva diferente a la de Anselmo. Esto implica aun mucho más en su teología. Para ejercer nuestra vocación como teólogos de la cruz es preciso destacar la objetividad de la satisfacción vicaria universal en el contexto de la redención. Solamente así podemos entender el amor concreto de Dios hacia toda la humanidad.

Jürgen Moltmann ha sido el teólogo que más ha contribuido a la crítica del uso de la expiación vicaria universal como algo problemático. Para Moltmann, la soteriología solo comprende un grupo de la humanidad y no todo el género humano[7]. Asi lo explica: "Cristo es el hermano de las víctimas y el redentor de los culpables. El 'toma' de un lado 'los sufrimientos del mundo' y del otro lado los 'pecados del mundo'[8]. Mirándolo desde el punto de vista de Moltmann su cristología es de solaridad. Para que exista solaridad entre las víctimas y los agresores, las víctimas tienen que entender que Dios experimenta su sufrimiento y quiere cambiar esa situación opresiva. Los opresores, los culpables, tienen que llegar a entender que Dios experimenta el sufrimiento de los pobres y quiere cambiar esta situación opresiva. Los opresores tienen que ser así reconciliados y recibir el perdón para poder vivir en solaridad con los oprimidos. En la teología de la cruz de Lutero esto, como ya hemos visto, es importante bajo las dimensiones contracultural, encarnacional y sacramental. Pero hasta aquí llega la comparación entre Lutero y Moltmann. Pudiéramos decir que hasta aquí llega también la comparación entre la mayoría de los teólogos de la liberación y Lutero. Pues existe una gran laguna muy significante. Esta es el hecho de que en la teología de Lutero Dios nos cuestiona a todos como pecadores para llevarnos a nueva vida. En la soteriología del Reformador Dios es la realidad universal ontológica de misericordia y de amor. Para Moltmann los que causan el dolor tienen una memoria corta de sus hechos y tienen que ser llevados a un acto comunitario de reconciliación en relación a las víctimas y Dios. La reconciliación no tiene nada que ver con el perdón de nuestros pecados por Cristo, sino tiene que ver con un hecho que Dios crea entre toda la humanidad en una relación de verdadera solaridad entre los oprimidos y los opresores.

La problemática de Moltmann es que no ve la condición humana de pecado en todos los seres humanos. La salvación y el perdón de los pecados sólo la necesitan los opresores, que son los pecadores. La realidad es que esa línea entre quienes son o no son pecadores no se puede trazar. Tampoco siempre se puede trazar fácilmente la línea entre los opresores y los oprimidos. Leyendo la historia de todos los pueblos vemos cómo existen entre los mismos oprimidos, opresión y desvaloración de la dignidad de cada persona en la familia y sociedad. Vemos esto por ejemplo en el caso de nuestra cultura hispana. Somos hombres y mujeres identificados por nuestro mestizaje y mulatez, por nuestra marginación. Pero hemos visto en nuestra labor pastoral que las mujeres hispanas experimentan violencia y marginalización por parte de hombres hispanos también marginalizados. Esto quiere decir que para actuar con miras a reconciliación hay que mirar más allá de clases económicas o de culturas. Tal es el caso de las mujeres latinas cristianas que tienen que liberarse en sus propias familias y comunidades de su marginalización. Vemos esto también entre personas pobres que por llegar a cierto nivel de poder ponen a un lado a sus hermanas y hermanos hispanos usando el color de la piel, la nacionalidad, problemas sociales como las drogas y el alcoholismo como excusas para la marginación del otro. Miramos a los otros como "pecadores" o "personas más dadas al pecado" cubriendonos con la máscara de santidad para ocultar nuestra idolatría y pecado. Para hablar de reconciliación el tema tiene que ir a una vida genuina de comunidad bajo el perdón de Dios. Tenemos que entender que nuestra idolatría contra Dios es lo que marca nuestra acción contra todo ser humano. Querer tomar el lugar de Dios es lo que nos hace así. Ese es el pecado que mora en todos nosotros. Sobre esto, es muy acertado lo observado por E.M. Cioran en su libro, *Una historia corta de la decadencia*: "Los grandes opresores son muchas veces reclutados del rango de los mártires casi decapitados"[9].

En nuestra lectura de Lutero hemos visto cómo él de una manera radical bajo la cruz trae el mensaje de condenación a toda la realidad humana. No lo hace en abstracto sino en concreto. Todos vemos dónde radica nuestra condición humana de pecado. Pero Dios bajo la cruz toma en si mismo esa realidad de pecado para redimirla. Por tanto, Lutero, basado en Romanos y Gálatas emprende la dialéctica de condenación y nueva vida. Esto es muy necesario si vamos a ofrecer genuinamente un acto de comunidad a toda la humanidad. La mirada dialéctica de Dios sobre la humanidad se dirige de la misma manera a Caín que a Abel, pues Dios ve la misma potencialidad perversa en la condición humana de ambos (Génesis 4:15-22). Dios no obra de acuerdo a su ira sino de acuerdo a su misericordia. Esto se encuentra eternamente arraigado en su muerte por nosotros. Pero en este acto, la condición del pecado es real para llamarnos a nueva vida. Esta realidad ontológica es muy necesaria en la crítica y contribución de Lutero: "Cristo es nuestro Monte Moriah.... Y consecuentemente él es la montaña sobre la cual Dios mirará eternamente"[10]. Dios nos llama desde esa montaña bajo el amor de Dios en Cristo Jesús para lograr un verdadero cambio: "... El amor de Dios que vive en los seres humanos, ama a los pecadores, seres malvados, seres insensatos, seres débiles, por cuanto el amor de Dios, los hace justos, buenos, sabios y fuertes. Los pecadores son seres hermosos porque son seres amados, no son seres amados porque son hermosos"[11]. De aquí parte la mayor contribución de Lutero a la realidad latinoamericana.

La teología de la liberación usa las categorías de opresión y liberación como categorías esenciales para enfrentar la violencia y la opresión en su realidad. El enfoque es encontrar una liberación intrínseca contra la supresión de estados totalitarios o de culturas dominantes. Las categorías de opresión y liberación no encajan bien en los países multiétnicos como la antigua Yugoslavia, Iraq, ni creemos tampoco que sea así en la realidad de los Estados Unidos. Estas categorías no encajan tampoco en nuestros ghettos étnicos en zonas urbanas. Las categorías de víctimas (oprimidos) y agresores (opresores) provee excelente arsenal para la lucha pero no para negociar, dialogar, o respetar nuestra común dignidad y humanidad.

No cabe duda que todos los conflictos conllevan manchas, así como nuestra condición humana contiene manchas. Mientras los conflictos se prolongan también todos los partidos quedan atrapados en el molino de la agresión. Las categorías de liberación y opresión no pueden eliminar la violencia. Más que nada son categorías muy conducibles y convenientes para excluir al "otro" de nuestra humanidad mutua. Moltmann reconoce esta problemática, viendo que las doctrinas tradicionales de la justificación son orientadas por el problema del pecado mientras que la más moderna teología de la liberación es orientada por la víctima[12]. Es por esto que Gustavo Gutiérrez aclara cual es la categoría principal en su revisión de su obra seminal, *Teología de la liberación*. En esta obra, Gutiérrez presenta el amor en lugar de la liberación como la categoría fundamental. Allí observa: "La raíz más profunda de toda esclavitud es el rompimiento de amistad con Dios y con otros seres humanos, y consecuentemente [la esclavitud] no puede ser erradicada excepto por el amor redentor inmerecido del Señor a quien recibimos bajo la fe y en comunión el uno con el otro"[13]. Esta perspectiva es muy acertada como y nos hace ver la contribución mayor de Lutero en su teología de la cruz.

El amor incondicional de Dios, como categoría ontológica arraigada en la encarnación de Dios, es un punto importantísimo para el quehacer teológico en el contexto hispanoamericano en los Estados Unidos. En estudios recientes procedentes de Finlandia se le da también más énfasis a esta realidad del amor de Cristo que reina en la vida del cristiano como cualidad y muestra de la justificación por toda la humanidad[14]. Su amor vive y reina en nosotros para que nosotros también en su amor podamos reinar en conjunto con todos. La dignidad de nuestro pueblo parte del amor de Dios que se encuentra siempre presente como hecho real. ¡Dios está aquí! De ahí parte la afirmación de nuestro mestizaje, nuestra mulatez y realidad histórica. Es un acto que nos llama de por sí a vivir con el otro y por el otro como miembros dignos de nuestra comunidad. No se vive este hecho del amor de Dios en una reconciliación abstracta, sino que se vive en actos concretos de fe bajo la declaración de que Dios hace de lo bueno malo y de lo malo bueno. Bajo esta dialéctica Jesús no puede verse como vencido ni como monarca celestial. El amor de Dios vive encarnado realmente entre nosotros bajo su cruz y resurrección como acto de nueva vida. Esta es la visión y contribución más significante de la teología de la cruz del Reformador para los tiempos que vivimos. Lutero valora la libertad humana, pero la valora bajo la reconciliación y el amor encarnado de la cruz. No puede haber libertad si el otro no llega ser parte de nuestra comunidad bajo el amor incondicional de Dios. De aquí parte su praxis concreta bajo la reconciliación de la cruz.

CRONOLOGÍA DE LA VIDA DE MARTÍN LUTERO

1483 ca.	Nace en Eisleben, Alemania a Hans y Margarita Luder.
1490-1500	Años formativos en Magdeburgo, Mansfeld, Eisenach.
1501-1505	Bachiller y Maestría en Artes (Humanidades) de la Universidad de Erfurt.
1505	Ingresa al monasterio de los Agustinos Observantes en Erfurt.

1507	Es ordenado sacerdote en Erfurt.
1508	Viaja por primera vez a Wittenberg para substituir temporalmente a J. Staupitz en su docencia en la universidad y labor administrativa en el monasterio agustino de esa ciudad; años después es nombrado vicario de los monasterios agustinos en Alemania.
1509	Regresa a Erfurt y obtiene el Bachillerato en Teología.
1510	Viaja a Roma con otro monje a tratar una disputa interna de los agustinos alemanes.
1512	Regresa a Wittenberg para hacerse cargo de los estudios académicos de los monjes agustinos al mismo tiempo que termina su Doctorado en Teología en la universidad.
1513-1517	Dicta cátedra sobre los libros bíblicos de Salmos, Romanos, Gálatas y Hebreos en la Facultad de Teología de la Universidad de Wittenberg.
1517	Da a conocer el 31 de octubre sus *Noventa y cinco tesis*, escrito dirigido a discutir el abuso de las indulgencias.
1518	Reunión de la orden agustina en Heildelberg; esboza su teología de la cruz.
	Se entrevista en Augsburgo con el Cardenal Cayetano, legado papal a la Dieta Imperial, quien busca que Lutero se retracte de sus posiciones teológicas esbozadas en las *Noventa y cinco tesis*.
1519	Escribe *Dos clases de rectitud*.
	Participa en el Debate de Leipzig contra Juan Eck.

1520	Escribe importantes obras sobre la reforma de la iglesia: *La libertad cristiana, A la nobleza cristiana de la nación alemana, La cautividad babilónica de la iglesia.*
1521	Es convocado a la dieta imperial en la ciudad de Worms, y confirma su posición teológica frente al emperador Carlos V y los asistentes a la dieta.

Es proscrito del imperio por decreto del emperador Carlos V.

Es secuestrado a su regreso a Wittenberg y llevado al Castillo de Wartburgo; escribe tratados teológicos y cartas; traduce al alemán el Nuevo Testamento. |
| 1522 | Regresa en marzo a Wittenberg y logra restablecer el orden en el pueblo; reside en el monasterio agustino de la ciudad. |
| 1523-24 | Ejecuta medidas reformatorias en la iglesia: bautismo, himnos, autoridad eclesiástica.

Hace frente a las controversias internas en la Iglesia de la Reforma originadas por Carlstadt. |
| 1525 | Celebra nupcias con Caterina Von Bora, ex-monja cistirciense.

Participa en un debate teológico con Erasmo sobre el papel de la voluntad del ser humano. |
| 1526-28 | Ejecuta y defiende las medidas reformatorias en la iglesia: Santa Cena, matrimonio, catequesis. Escribe sus *Catecismos menor y mayor.* |
| 1529 | Participa en el Coloquio de Marburgo, un intento político-religioso para defender unidos los territorios que abrazaron la Reforma de la Iglesia. |

1530   Viaja a Coburgo para mantenerse al tanto sobre la dieta imperial en Augsburgo, donde se presenta la Confesión de Augsburgo, escrita por F. Melanchthon y subscrita por los nobles de los territorios "luteranos".

Escribe *Amonestación concerniente al sacramento del cuerpo y la sangre de nuestro Señor.*

1531-1545   Continúa dictando cursos en la Universidad de Wittenberg mientras que defiende y define teológicamente a la Reforma en los territorios alemanes; encabeza un equipo de traductores del Antiguo Testamento; escribe en 1536 *Los artículos de Esmalcalda* como su confesional.

1546   Muere en Eisleben donde había nacido aproximadamente 62 años antes.

---

[1] Manfred Hoffman, *Martin Luther and the Modern Mind* (New York: The Edwin Mellen Press, 1985).

[2] Eberhard Jüngel, *The Freedom of the Christian: Luthers' Significance for Contemporary Theology* (Minneapolis: Augsburg Publishing House, 1988); Peter Manns and Harding Meyer, *Luther's Ecumenical Significance: An Interconfessional Consultation* (Philadelphia: Fortress Press, 1984).

[3] Walter Altmann, *Luther and Liberation: A Latin American Perspective* (Minneapolis: Augsburg Fortress, 1992). Fue originalmente publicado por ISEDET, en Buenos Aires, Argentina, 1987.

[4] Vítor Westhelle, *Voces de protesta en América Latina* (Chicago: Lutheran School of Theology at Chicago, 2000), 105-28.

[5] Altmann, *Luther and Liberation*, 37. Comp. García, Cristo Jesús: Centro y Praxis del Pueblo de Dios, donde esta perspectiva como fundamento cristológico es desarrollado.

[6] Leonardo Boff, "Lutero entre a Reforma e a Libertação," *Revista Eclesiastica Brasileira* (Dezembro, 1983): 734.

[7] Jürgen Moltmann, "The Crucified God Yesterday and Today: 1972-2004" in Jürgen Moltmann and Elisabeth Moltmann Wendel, *Passion for God: Theology in Two Voices* (Louisville: Westminster and John Knox Press, 2003), 77-78.

[8] Ibid, 77.

[9] E.M. Cioran, *Short History of Decay* (London: Quartet Books, 1990), 4.

[10] WA 5, 58.17-18.
[11] Atkinson, *Luther Early Theological Works*, 265.
[12] Moltmann, *Passion for God: Theology in Two Voices*, 75.
[13] Gustavo Gutiérrez, *A Theology of Liberation: History, Politics and Salvation*. 2nd ed. Traducido del inglés por Caridad Inda y John Eagleson (Maryknoll: Orbis, 1988), xxxviii. Esta cita fue traducida del inglés.
[14] Comp. Carl E. Braaten and Robert W. Jenson, *Union with Christ: The New Finnish Interpretation Of Luther* (Grand Rapids: Eerdamans, 1998).

www.ingramcontent.com/pod-product-compliance
Lightning Source LLC
Chambersburg PA
CBHW011956150426
43200CB00016B/2918